儒道释会通的人

孙彧 顾亮 沈文婕 编著

中华文化人文通识读本·《中国人》书系

黄荣华 主编

广西师范大学出版社

·桂林·

图书在版编目(CIP)数据

儒道释会通的人/黄荣华主编;孙彧,顾亮,沈文婕编著.—桂林:广西师范大学出版社,2021.1
(中华文化人文通识读本.《中国人》书系)
ISBN 978-7-5598-3208-5

Ⅰ.①儒… Ⅱ.①黄… ②孙… ③顾… ④沈…
Ⅲ.①历史人物-生平事迹-中国-青少年读物
Ⅳ.①K820-49

中国版本图书馆 CIP 数据核字(2020)第 172221 号

儒道释会通的人
RU DAO SHI HUITONG DE REN

出 品 人:刘广汉
责任编辑:刘美文
项目编辑:王 璇
装帧设计:朱鑫意

广西师范大学出版社出版发行

(广西桂林市五里店路9号　　邮政编码:541004)
(网址:http://www.bbtpress.com)

出版人:黄轩庄
全国新华书店经销
销售热线:021-65200318　021-31260822-898
山东韵杰文化科技有限公司印刷
(山东省淄博市桓台县桓台大道西首　邮政编码:256401)
开本:690mm×960mm　 1/16
印张:13.5　　　　　字数:174 千字
2021 年 1 月第 1 版　2021 年 1 月第 1 次印刷
定价:46.80 元

如发现印装质量问题,影响阅读,请与出版社发行部门联系调换。

总序

　　《中国人》书系共十册:《儒家的理想人》《墨家的理想人》《道家的理想人》《法家的理想人》《释家的理想人》《魏晋觉醒的人》《儒道释会通的人》《明代寻求真我的人》《现代走向世界的人》《神话、传说、侠义的理想人》。

　　《中国人》书系的编写,源于我们对当下中学生学习需要与生活需要的理解。

　　在我们的理解中,当下中学生需要对"中国人"有更广泛、更深刻的认识。"广泛"是对不同思想、不同行为的"中国人"而言的,"深刻"是对历史语境中生活的"中国人"而言的。在这样"广泛""深刻"的认识之下,才可能对"中国人"产生较为全面的认知。

　　而对"中国人"较为全面的认知,首先是"识自"的需要。

　　较全面地认识自我,才能比较理性地给自己定位。理性地自我定位,是极其重要的。用古人的话说,就是"知天命"。"知天命"才能真正地"人有为",否则就会胡作非为。但受各种因素的影响,特别是"西方中心主义"的控制,当下中国整体上缺乏对"中国人"较为全面的认知。也就是说,我们现代中国人对"中国人"缺乏自我认知，其表现有时是自高自大，更多时候是妄自菲薄。这两种表现，在当下中学生身上都有所反映，只是反映的程度与方式有所不同而已。

我们常常听到中学生说这样一句话："对待古代文化，要取其精华，去其糟粕。"

"取其精华，去其糟粕"，作为现代人对待传统文化的大策略与大原则，是极正确，是应当坚持的，但实际上可能是难以操作的。一个中学生如果只会空说这样的大原则，而并不知晓何为"精华"，何为"糟粕"，又怎么"取"与"去"呢？不知晓何为"精华"，何为"糟粕"，却硬要"取精华"，"去糟粕"，就只能胡乱动手了。

我要说，这种在不知何为"精华"，何为"糟粕"的情况下，却胡乱地"取其精华，去其糟粕"的行为，其实在今天已经是"西方中心主义"控制下的不"识自"的中国人的普遍行为。

这种不"识自"的普遍行为，也可以说是"西方中心主义"控制下逐步形成的"反传统的传统"的表现。仔细想想，这种"反传统的传统"有着怎样的傲慢与偏见，它高高在上地审视着几千年传统文化，用"有罪推定"审判着几千年传统文化。

认识这种"反传统的传统"，认识这种"反传统的传统"对我们行为的影响，认识这种影响在我们教育中的体现，认识这种体现对我们的教育所造成的困难，也是我们"识自"的重要内容。

认识自我，才能更好地面对自我。较为全面地认知"中国人"，也是我们现代中国人更好地面对几千年传统的必须，是现代中国人更好地面对当下生活的必须。

传统是现代人走向未来的原动力。中华几千年传统，是现代中国人走向未来的原动力。历史早已证明，现代中国人不可能也无法割断自己与几千年文明史的广泛而深刻的内在联系。所以习近平总书记在党的十九大报告中指出："中国特色社会主义文化，源自于中华民族五千多年文明历史所孕育的中华优秀传统文化。"习近平总书记也说："中国人民的特质、禀赋不仅铸就了绵延几千年发展至今的中华文明，而且深刻影响着当代中国发展进步，深刻影响着当代中国人的精神世界。"（《在第十三届全国人民代表大会第一次会议上的讲话》，2018年3月20日）

较为全面地认知"中国人"，就能较为全面地认识"中国人民的特质、禀赋"，就能较全面地认识这些"特质、禀赋"对现代中国人走向未来具有怎样的活性力量；就能较全面地认识传统中国人为什么是"这样"生活而不是"那样"生活；就能较全面地认识现代中国人的生活逻辑与传统中国人的生活逻辑有怎样的内在关联；就能较深刻地理解古代诗文为什么是"这种"表达方式而不是"那种"表达方式；就能较深刻地理解汉字、汉语为什么能几千年不中断其历史，在现代中国依然具有强大的生命力，鲜活如初……

作为语文教师，我还要说，较为全面地认知"中国人"，还是学好古诗文的必须。常常听一些同学感叹，古诗文太难读了。是的，当我们对古代一点也不了解的时候，当我们对古人的生活一点也不熟悉的时候，当我们对古诗文生成的文化逻辑一点也不明白的时候，当我们对古诗文生成的文化逻辑其背后所隐藏的古人的生活情趣一点也感知不到的时候，阅读古诗文是会有很大障碍的。但倘若与之相反，我们阅读古诗文就不仅轻松如履平地，沉醉如沐春风，满足如享秋果，而且即使需要翻越障碍、穿越荆棘，也会勇于翻越、乐于穿越，进而体验翻越的愉悦，收获穿越的趣味。

一言以蔽之，期待《中国人》书系能帮助大家更好地认识自我，从而更好地有作为，从而更好地创造自己的幸福生活，从而更好地建设美丽新世界。

黄荣华

2020年8月6日

前言

游走在儒道释中

优秀的传统文化是中国文化的精髓，是中国人的精神家园。在中国传统文化中，儒道释三家思想具有基石般的地位，对国人产生了广泛而深远的影响。

春秋战国时期，在社会的大动荡、大变革中先后产生了儒、墨、道、法、名、阴阳等重要学派，各学派围绕天人关系、古今之变以及名实、礼法等问题展开激烈的哲学论辩，他们的思想既互相斗争又互相吸取，产生了哲学的繁荣。春秋战国被德国学者雅斯贝尔斯誉为中国文化的"轴心时代"。西汉末年东汉初年，佛教从古印度传入汉地，经过长期的传播发展，形成了具有中国民族特色的佛教。到了北宋时期，中华文明逐渐出现了儒道释三教融合而又和而不同的文化体系，这在世界文明史上是绝无仅有的。游走在儒道释之中的中国人不断涌现出来，成为民族文化绕不过去的存在。

儒道释之所以能够融合，是因为它们的思想体系具有诸多的相似点。在宇宙本体论上，孔子说"我欲无言"，老子说"道可道，非常道"，他们都认为世界之本体论，即终极实在是不可言说的，是只能意会的。佛教说"诸法实相者，心行言语断"，一切事物的实相是超越思维和语言的，是为人们的思维和语言所捕捉、虚构以前的本来的真实相状。三家所持的本体论确有相近之处。除此之外，在走向人生最高境界的道路上，儒道释都主张内求：儒家的反求诸己，佛教的见性成佛，道家的抱朴守一。在思想方法论上，儒道释都讲究辩证，讲究中庸，讲究周游不居，都不主张对某件事过于极端、过于固执。在伦理道德上，儒道释都具有善待万物、善待他人的感情。这些相似点为儒道释融合提供了可能性。

被称为中国"最后的通儒"的钱穆先生，对中国文化抱有深切的热爱，不能容忍近代中国人对自己文化的不自信。钱先生在其《中国文化精神》中写道："我们此刻要来复兴文化，所担责任多大！然而这事情也简单，复兴中国文化这条路，还是很近。《中庸》上说：'道不远人。'这一番道理，就在我们各人自己身上……我又要说一句，也只有中国人，才能来担任弘扬中国文化，这是我们中国人的责任，也只有我们能来担此责任。"

作为中国优秀传统文化的学习者、继承者，我们欣喜地看到：从人类文明的层面来看，儒道释自身的思想以及相互融合的经验，是当今充满隔阂与冲突的世界所需要的。与西方强调零和博弈、相信所谓"修昔底德陷阱"[①]截然不同，中国文化长期蕴含着儒家"苟日新，日日新，又日新"的改革创新、不断超越自我的奋斗精神，"和而不同"的文明多元共生理念；道家思想对宇宙的深刻认识、对人类试图主宰宇宙的不以为然，以及人与自然和谐共存的追求；佛教和儒家都将济世与修身作为自身的终极目标，都存在理性主义的思想。上述这些都为今天的人类从文明的

---

① 修昔底德陷阱：古希腊著名历史学家修昔底德观点，认为一个新崛起的大国必然要挑战现存大国，而现存大国也必然会回应这种威胁，因而战争不可避免。

冲突走向整合和继续进步提供了无尽的文化宝藏和思想资源。

作为教师，我们深深知道自己的责任重大：优秀传统文化所特有的价值观念、思维方式对青少年认识自然、认识自我、认识人类、认识社会方面的影响会在他们今后的人生中渐渐显现出来。在文化多元化和经济全球化的时代里，优秀传统文化增强我们的民族归属感和文化自信力，引导我们做一个勇于担当、谦和有礼、顶天立地的中国人。

《儒道释会通的人》这册书大体上按照历史的进程，挑选儒家、道家、佛教的重要理论和重要人物形象进行阐述和讲解，力图为中国历史文化理出一个头绪，让读者对中国文化能够有一个较为深入而全面的认识。这本书与其他阐释中国哲学思想的书籍的不同之处是：以儒道释三家的内在联系为视角，关注儒道释在各自发生、发展、流变的过程中彼此之间互相影响、冲突、协调的情况。我们认为在儒道释三家矛盾与合流的循环往复中，形成了中国人对世界、对人生、对社会的独特的认识方式和价值理念。所以我们没有分开讲述各家的特点，而是重点讲解在不同历史阶段三家的关系是怎样的。在写作风格上，我们追求深入浅出式的讲述，追求思想性与可读性的统一，化难为易，用明白晓畅的话语解说相对比较晦涩难懂的思想，以达到更好的接受效果。

本书前五章由我撰写，后五章由沈文婕、顾亮伉俪撰写。历经两年的时间，阅读了大量的材料，经过多次讨论、修改之后终于完成，我们的心情是激动与忐忑并存的。在此亦向黄荣华老师表示感谢，这本书的完成离不开他的悉心指导。

孙彧

2020 年 5 月于上海

目录

一 矛盾

尊德性与守静笃

在生命主体的自我修炼方面，儒家与道教的主张可以分别用"尊德性"与"守静笃"来概括。

"尊德性"的提法源于《礼记·中庸》："大哉圣人之道！……故君子尊德性而道问学，致广大而尽精微，极高明而道中庸。温故而知新，敦厚以崇礼。"

郑玄的《礼记注》对此作了解释：德性，谓性之至诚者；道，犹由也；问学，学诚者也。"性"即指人不学而能、无须"外求"、与生俱来的"本能"和"天性"。郑注的意思是，德性是一个人至诚的天性，人通过自身修养（即"问学"）的途径达到"诚"（真诚、纯真）的境界。郑注强调"德性"是人的天性，这一点很重要。那么，究竟怎样认识人性？这是中国哲学里争论最多的问题。在《孟子·告子上》里，孟子列举了当时三种不同的理论：一种认为人性无所谓善恶；一种认为人性可以为善也可以为恶，人性之中有善因也有恶因；第三种认为有的人人性为善，有的人人性为恶。孟子主张人性本善，"人皆可以为尧舜"。孟子由人性善的主张进一步阐发了"四端说"，恻隐之心、羞恶之心、辞让之心、是非之心是人降临这个世界时便具有的"善"的种子，人只要充分发展仁、义、礼、智"四善端"，就可以成圣人。但是他也曾以"牛山之木"为喻，告诫人们如果对善的先天本性不加以守护培养，那就会如山上的树木一样从郁郁葱葱到渐渐地被砍伐殆尽，后天仍然可能从恶。

"故君子尊德性而道问学"，《礼记·中庸》提出对于"至诚"的"德性"应当"尊"，这就昭示了尊重、遵从每一个人的本能和天性的必要性。当一个人以至诚的心追求品德的完善，是否可以认为他已经做到了"尊德性"呢？其实，犹未也。

《礼记·中庸》（第二十二章）还有段名言："唯天下至诚，为能尽其性；能尽其性，则能尽人之性；能尽人之性，则能尽物之性；能尽物之性，则可以赞天地之化育；可以赞天地之化育，则可以与天地参矣。"这是说，唯有天下至诚的人，才能充分发挥人的本性；能充分发挥自己的本性，就能充分发挥别人的本性；能充分发挥别人的本性，就能充分发挥万物的本性；能充分发挥万物的本性，就可以帮助天地培育生命；能帮助天地培育生命，就可以与天地并列为三，与天地合为一体了。一个人要想完善自己，就必须充分发展上天赋予的德性，他就会看到，为此他必须同时完善别人。一个人如果不关心别人的完善，不帮助别人充分发展其德性，那么他就不可能完善自己。这是因为人要充分发展自己的德性，要在社会之中充分发展与他人的关系才能做到。也就是说，人要充分发展自己的德性，就必须对他人实行忠恕之道，必须实行仁义之道，这就包含了帮助别人。

所以，我们可以说，这里的"尊重"和"遵从"，应当理解为不仅是对自我，而且也是对他人的。如果一个人懂得了这个道理，那么他就是"赞天地之化育"，与天地一般了不起，才能称得上是尽善尽美的人。

比较儒家这一主张，道家对人的自我修炼所持的"致虚极，守静笃"，似更倾向于"做减法"。

"静笃"出自老子《道德经》（第十六章）。"致虚者，天之道也。守静者，地之道也……成就万物，与万物并作者，皆是此虚静之妙。""静"，寂然不动曰静，形容人的心境是空明宁静状态。"笃"，极度，坚定。"静笃"，静而至静。"守静笃"指道家的自我修炼，收敛浮华，归于笃实，凝神于虚，养气于静，复本归真。

"致虚极，守静笃"是道家所强调的主体修养的要领，认为唯有如此才能观察到天地万物纷纷纭纭，然后复归其根的整个过程。这种复归其根等于不变，所以叫"静"。"静"实际上是老子的"道"的另一种称谓。既然"静"是天地万物的本原和原则，那么遵守这"静"的原则，就不会轻举妄动，运用到社会生活中去，就能使人终身免于危殆。

比如从养生的角度来看，"致虚守静"被医家用来治病延年。清朝曹庭栋说："养静为摄生首务。"明朝王文禄也说："非时时静养之，乌能延生。"明朝高濂在其《遵生八笺》中说："心静可以固元气，万病不生，百岁可活。"

"致虚守静"被道学家用后，能大增道德品行。明朝吕坤在《呻吟语·存心》中说："躁心、浮气、浅衷、狭量，此八字，进德者之大忌也。去此八字，只用得一字，曰主静。静则凝重，静中境自是宽阔。"此外，道学家还认为人"静"可以通神明、增认识、明事理，如同水"静"能照万物一样。明朝吕坤在《呻吟语·存心》中还说："天地间真滋味，惟静者能尝得出；天地间真机括，惟静者能看得透；天地间真情景，惟静者能题得破。"我们在日常生活中也能多有体验，当我们祛除心之障蔽、杂念、欲望、心机，使心驻于虚静之地，则无论学习、工作，还是与人交际、面对平常生活中不断变化的万象，心大多能如实观照、识之无所失。静则明！

那么"虚静"的功夫是怎样做的呢？《庄子·大宗师》中有一段以孔

子和他的得意弟子颜回为主角的寓言故事，能反映出"虚静"究竟是怎样的功夫。"颜回曰：'回益矣。'仲尼曰：'何谓也？'曰：'回忘仁义矣。'曰：'可矣，犹未也。'他日复见，曰：'回益矣。'曰：'何谓也？'曰：'回忘礼乐矣！'曰：'可矣，犹未也。'他日复见，曰：'回益矣！'曰：'何谓也？'曰：'回坐忘矣。'仲尼蹴然曰：'何谓坐忘？'颜回曰：'堕肢体，黜聪明，离形去知，同于大通，此谓"坐忘"。'仲尼曰：'同则无好也，化则无常也。而果其贤乎！丘也请从而后也。'"

这段对话的大意如下：颜回对孔子说，自己修身有进展了。孔子问：什么进展？颜回回答，自己已忘记仁义。孔子说，可以，但是还不行。过了一段日子，颜回又去见孔子，向老师报告自己修炼有进展了。孔子问：什么进展？颜回回答，他已忘记礼乐。孔子认为还是不够好。过了一段日子，颜回又去见孔子，向老师报告自己修炼有进展了。孔子问：什么进展？颜回回答，他已经达到"坐忘"的地步，忘却了肉体（包括四肢、身体以及各种感官）的存在，抛弃了个体生命的心智活动，进入虚静空明的状态，而与道融为一体。孔子赞叹道：与道融为一体，人就能没有偏私；随万物流行大化，人就能无所固执。颜回确实贤明啊！

颜回和孔子的上述对话，反映了道家从外向内渐次减去限制的过程。首先是抛弃仁义，这是社会所规定的人的精神活动的规范准则。进而抛弃了身体感官的欲望以及机巧诈伪的小"聪明"对人的自然本性的迷障遮蔽。其次是抛弃礼乐，社会所制定的人的行为规范。据记载，周礼名目繁复，号称"礼仪三百，威仪三千"，冠、婚、丧、祭、乡、射、朝、聘等皆有礼仪制度，所谓"非礼勿视，非礼勿听，非礼勿言，非礼勿动"，人的一举一动都要符合一定的社会规范。然后，出现了一片空明澄澈的精神状态，达到与道融合的最高境界。由此看来，"虚静"的功夫实质是一个不断减去的过程，是在不断减去生命的各种限制的同时不断趋向生命的绝对自由的过程。

《庄子·齐物论》开头，虚构了一名高士叫南郭子綦，生动地描述了他"吾丧我"（我忘掉了自己）的精神状态。南郭子綦斜靠几案而坐，仰头向天缓缓地吐气，他身子像干枯的树木，精神和思维也像死灰一样寂灭，这离神去智的样子真好像精神脱出了躯体，然后他听到了"天籁"。"吾丧我""坐忘"都属于虚静的功夫，"忘"与"丧"含义相似，然前者似属于后者的最为深邃的那一阶段，这种神秘的经验，现实生活中的人很难做到。

　　人的自我修炼，儒家持"尊德性而道问学"，道家持"致虚极，守静笃"，取径、方法虽不同，追求的目标却相同，从上述内容中我们不难发现一点，即不管是采用类似"做加法"还是类似"做减法"的功夫，儒家、道家所追求的终极目标都是个体生命与天地万物的融合，而非分离。这给予后人深深的感动与敬佩，更带来了无尽的思考。

天下归仁与莫贵于生

在中国古典哲学研究中，就儒、道关系而言，一般人持儒、道对立的观点：认为儒家思想代表了中国哲学的主流，为入世哲学；道家哲学则为出世哲学，两者在价值观上产生了根本性的对立。

孔子以"仁"为儒学的基本范畴。"天下归仁"出自《论语·颜渊》："颜渊问仁。子曰：'克己复礼为仁。一日克己复礼，天下归仁焉！为仁由己，而由人乎哉？'"孔子把"克己复礼"看作实现"仁"的途径、办法。他纳"礼"入"仁"，形成"仁""礼"结合的仁礼学说，进而以仁礼学说为指导提出"天下归仁"的"德治"纲领，主张恢复西周的礼仪制度，实现礼乐文明的、不断进步发展的封建君主制度。"天下归仁"的意蕴不仅是天下人以仁为归宿，指向个人完善的道德修养，而且也包含了天下回归西周仁礼结合的德治社会的意思。"天下归仁"是儒家的价值观。正因为持守这样的价值取向，所以儒家人以积极入世的姿态活跃在历史的舞台上，虽然有时无人理睬、无人理解、无人支持，颇为狼狈。

孔子在周游列国寻找用世的机会时曾多次陷于狼狈之中，《论语·微子》写道："长沮、桀溺耦而耕。孔子过之，使子路问津焉。长沮曰：'夫执舆者为谁？'子路曰：'为孔丘。'曰：'是鲁孔丘与？'曰：'是也。'曰：'是知津矣。'问于桀溺。桀溺曰：'子为谁？'曰：'为仲由。'曰：'是鲁孔丘之徒与？'对曰：'然。'曰：'滔滔者天下皆是也，而谁以易之？且而与其从辟人之士也，岂若从辟世之士哉？'耰而不辍。子路行以告。夫子怃然曰：'鸟兽不可与同群，吾非斯人之徒与而谁与？天下有道，丘不与易也。'"

长沮、桀溺都是当时的隐士，"长沮""桀溺"可能不是这两个人的真实姓名。两个人一块耕田，孔子从旁边经过，让子路去询问渡口。长沮问子路说："驾车的那个人是谁？"子路说："是孔丘。"长沮说："是鲁国的孔丘吗？"子路说："是的。"长沮说："他早该知道渡口在哪儿了。"子路又去问桀溺。桀溺说："你是谁？"子路说："是仲由。"桀溺说："你是鲁国孔丘的学生吗？"子路回答说："是的。"桀溺说："天下已乱，好像滔滔的洪水，到处都是这样，谁能改变得了呢？你与其跟着孔丘那样躲避坏人的人，是不是还不如跟着我们这些避世隐居的人呢？"说完，就不停地往种子上盖土。子路回去把这些告诉了孔子。孔子失望地叹息说："我们既然无法跟鸟兽待在一起，若不跟天下人待在一起，又跟谁在一起呢？天下如果太平，我就不会和你们一起来从事改变现实的工作了。"

"问津"在文中有双重的含义，一方面是指询问自然意义上的渡口，另一方面是指现实生活中人生道路的选择。"与鸟兽同群"即隐居山林，是天下大乱时隐士的人生选择；孔子认为他的人生选择是与"斯人之徒"，即世人、天下人在一起。正如前人有言"盖圣人之来斯世，明知乱世昏浊而来救之，非以其福乐而来享之也。故治世去之，乱世救之，特入地狱而救众生。斯所以为大圣大仁与！恻隐之心，悲悯之怀，周流之苦，不厌不舍，至今如见之也。"（康有为《论语注》）

孔子的话还让我们领悟到，人如果脱离社会、脱离世人而独自存在，那人之为人的价值如何实现？

仁者，爱人也。选择了心忧天下、拯斯民于水火的人生道路，就注定了要走一条充满艰难困苦的荆棘路。那么，当历经磨难，结果仍然没有一丝希望时，儒家人又会怎么做呢？

屈原生活在"亡国破家相随属，而圣君治国累世而不见"的楚国，又被"顷襄王怒而迁之"。《史记》记载："屈原至于江滨，被发行吟泽畔，颜色憔悴，形容枯槁。渔父见而问之曰：'子非三闾大夫欤？何故而至此？'屈原曰：'举世皆浊而我独清，众人皆醉而我独醒，是以见放。'渔父曰：'夫圣人者，不凝滞于物而能与世推移。举世皆浊，何不随其流而扬其波？众人皆醉，何不哺其糟而啜其醨？何故怀瑾握瑜，而自令见放为？'屈原曰：'吾闻之，新沐者必弹冠，新浴者必振衣。人又谁能以身之察察，受物之汶汶者乎？宁赴常流而葬乎江鱼腹中耳。又安能以皓皓之白，而蒙世之温蠖乎？'乃作《怀沙》之赋。于是怀石，遂自投汨罗以死。"

渔父是一位洞明世事的隐士，他觉得当时天下已经变得"举世皆浊""众人皆醉"，与《论语·微子》中"滔滔者天下皆是也"类似。他规劝屈原应当随波逐流、与人同醉。在世事已不可为之时，道家思想崇尚"不凝滞于物，而能与世推移"的洒脱、豁达的人生态度，儒家思想与之相反，不成功便成仁，不能拯救国家、拯救百姓、改变时代，那么士人应当至少保持自己纯洁的思想、高尚的节操不被玷污。

这种坚贞不屈的品格、重仁义轻生死的人生观，在道家人眼中是不可理喻的。因为在道家人眼中，世界上最珍贵的东西莫过于自己的生命。"莫贵于生"的"生"绝不只是生存的意思，它更主要地指向每一个生命的本能本真、天性禀赋、独特性、权利、价值、自由等存在的意义。道家的代表人物庄子创造了一系列形象来体现上述价值观。在《庄子·逍遥游》中有段话："（肩吾）曰：'藐姑射之山，有神人居焉。肌肤若冰雪，绰约若处子；不食五谷，吸风饮露；乘云气，御飞龙，而游乎四海之外；其神凝，使物不疵疠而年谷熟。吾以是狂而不信也。'（连叔）曰：'之人（指姑射山神人）也，之德也，将旁礴万物以为一，世蕲乎乱，孰弊弊焉以天下为事！之人也，物莫之伤；大浸稽天而不溺，大旱金石流、土山焦而不热。是其尘垢秕糠将犹陶铸尧舜者也，孰肯以物为事？'"

姑射山的神人是道家理想人格的化身。他（她）居住在远离人世的地方，貌美健康、清高自由、有神灵之本领，是个"得道"之人，能不囿于物质世界而活着，又不会为了追求治理好天下事而把自己搞得忙忙碌碌、疲惫不堪，更谈不上"肯以物为事"。

《逍遥游》中还有段尧让天下于许由的故事，当然，许由是庄子虚构出来的人物，身份是一位著名的隐士，这个虚构人物寄托了庄子"无名""无己""无功"的思想。

> 尧让天下于许由，曰："日月出矣，而爝火不息；其于光也，不亦难乎？时雨降矣，而犹浸灌；其于泽也，不亦劳乎？夫子立而天下治，而我犹尸之；吾自视缺然，请致天下。"许由曰："子治天下，天下既已治也；而我犹代子，吾将为名乎？名者，实之宾也；吾将为宾乎？鹪鹩巢于深林，不过一枝；偃鼠饮河，不过满腹。归休乎君，予无所用天下为！庖人虽不治庖，尸祝不越樽俎而代之矣！"

"名者，实之宾也"，名是实派生出来的东西。许由不愿意领受尧所让的天下，是因为尧治理天下多年，早就治理好了，现在要他来代替尧，这是尧的想法，可是对许由来说，代替尧图个什么呢？图名吗？他没有非分之想，遂摒弃身外之"名"。"鹪鹩巢于深林，不过一枝；偃鼠饮河，不过满腹。"许由因此而颇感自足，否则一枝之地、满腹之饱也将丧失殆尽。由此可见，庄子所主张的"无名""无己""无功"并不排斥个人利己主义，相反却恰恰是维护个人既得利益的。与理想儒家人关心天下人利益的胸襟相比，确实狭窄了些啊！

《庄子·秋水》中有段文字叙述庄子辞楚王聘相之事，应该是他的亲身经历："庄子钓于濮水，楚王使大夫二人往先焉，曰：'愿以境内累矣！'庄子持竿不顾，曰：'吾闻楚有神龟，死已三千岁矣，王巾笥而藏之庙堂之上。此龟者，宁其死为留骨而贵乎？宁其生而曳尾于涂中乎？'二大夫余曰：'宁生而曳尾涂中。'庄子曰：'往矣！吾将曳尾于涂中。'"

庄子用这件事作喻，说明"无以得殉名"的思想。庄子鄙视相位、厌恶权势、"宁生而曳尾于涂中"，绝不肯与统治者合作，为了谋求名位利禄而牺牲自己个体生命的逍遥自由。

"内圣外王"作为儒家理想人格，其势必要通过积极入世的途径方能实现，当治国平天下的理想无法实现的时候，儒家推崇"舍生取义""虽千万人吾往矣"等高尚人格风范。"至人无己、神人无功、圣人无名"作为道家理想人格，其势必超脱现实是非，忘怀名利得失，而以修道养神贵生为宗旨，以达到长生不朽之目的。儒道二家各是其所是，各非其所非，从旁观者角度看，儒道二家的异处实在各有道理，异处中也有些相通不悖的东西，这些内容将在本章和下章继续讨论。

知雄守雌与执两用中

"知雄守雌"和"执两用中"分别是道家、儒家处世、治世的智慧之道,千百年来对中国人的影响甚巨。

"知雄守雌"的观点出自《道德经》(第二十八章):"知其雄,守其雌,为天下溪。为天下溪,常德不离,复归于婴儿。知其白,守其黑,为天下式,为天下式,常德不忒,复归于无极。知其荣,守其辱,为天下谷。为天下谷,常德乃足,复归于朴。朴散则为器,圣人用之,则为官长,故大制不割。"

老子从雌雄、白黑、荣辱相对中取雌、取辱,以柔忍退让、卑弱谦下的态度对待人生。

老子这种"取雌"的做法,是在"知雄"后得出的,对此后人(如李嘉谟)解释为:知"雄动而倡,雌静而处,动必归静,故为天下溪",故取"雌"。今人陈鼓应先生的《老子注译及评介》解释说:"知雄守雌,在雄雌的对峙中,对于'雄'的一面有透彻的了解,而后处于'雌'的一方。'守雌'的'守',自然不是退缩或回避,而是含有主宰性在里面，它不仅执持'雌'的一面，也可以运用'雄'的一方。因而，'知雄守雌'实为居于最恰切妥当的地方而对于全面境况的掌握。严复说：'今之用老者，只知有后一句，不知其命脉在前一句也。'老子不仅'守雌'，而且'知雄'，'守雌'含有持静、处后、守柔的意思，同时也含有收敛、含藏的意思。"

"知其雄"应从两个方面理解：其一是准确地知道什么是雄强，其二是指已处雄强地位和状态的人要对自己有一个清醒的自觉。"守其雌"就是持守雌弱、柔静、卑下，"牝常以静胜牡，以静为下"（《道德经》第六十一章）。"知其雄"是"守其雌"的前提，因为对于不知道雄强或自己已经处在很柔弱地位的人，"守雌"不仅盲目，而且没有意义。"守其雌"是"知其雄"的目的和归宿，即已经处于雄强地位的人只有坚守其反面（柔弱）才能"没身不殆"（《道德经》第十六章）。

"知雄守雌""知白守黑""知荣守辱"有强烈的辩证色彩。《道德经》一共列出了善恶、美丑、天地、阴阳、上下、大小、难易、强弱、得失、祸福等七十多对矛盾概念，多方面地论证了它们之间的辩证关系。在使用句式上大致可以分为三类：

第一类是取舍式，即非此即彼地取舍，代表句式是"什么而不什么"等。如"生而不有，为而不恃，长而不宰，是谓玄德"，又如"绝圣弃智""绝仁弃义"。

第二类是循环式，即由此及彼地循环回旋，代表句式是"什么则（而）什么""什么复为（复归）什么"。如"曲则全，枉则直，洼则盈，敝则新，少则多，多则惑"，又如"无为而无不为""是以圣人后其身而身先，外其身而身存"。

第三类是共生式，即相辅相成地共存共生。代表句式是"负（知）什么抱（守）什么"。如"万物负阴而抱阳，冲气以为和""知雄守雌""知白守黑""知荣守辱"。

"知"与"守"不能偏执取舍，是必须相辅相成地共存共生。"知"张显而"守"隐忍，然"隐忍"并非卑微退避，而是对"张显"有度地节制而不至于僭越无度反招来物极必反。

《易经》中关于阴爻与阳爻的对立与配合透露了世界上普遍存在的阴阳两方面相互对立又结合的情况。老子以他那虚静的心灵体悟到了自然界和人类社会的事物都存在着矛盾，矛盾的双方都会向自己的反面转化这一"常道"，而且提出了反向着力的操作方式，突出主体自身怎样从否定和反面去把握事物，由反入手，以反求正。比如他说："将欲歙之，必固张之；将欲弱之，必固强之；将欲废之，必固兴之；将欲取之，必固与之。是谓微明，柔弱胜刚强。"意思是想要收敛它，必先扩张它；想要削弱它，必先加强它；想要废去它，必先抬举它；想要夺取它，必先给予它。这就叫作虽然微妙而又显明，柔弱战胜刚强。

以上方法是关于在不利的情况下如何促进对立面的转化，从而争取有利的结果。那么，如何避免在有利的情况下向不利方面转化呢？老子提出了"大成若缺，其用不弊。大盈若冲，其用不穷。大直若屈，大巧若拙，大辩若讷"的观点。最完满的东西，好似有残缺一样，但它的作用永远不会衰竭；最充盈的东西，好似是空虚的一样，但是它的作用是不会穷尽的。最正直的东西，好似有弯曲一样；最灵巧的东西，好似最笨拙的；最卓越的辩才，好似不善言辞一样。无论对待什么事物，只有容纳它的反面才是最完备最理想的状态，才能"其用不弊""其用不穷"，也就是说，正面中包含着反面才是圆满的正面，才能避免正面不至于很快走向反面。由此出发，老子主张"知其雄守其雌""知其白守其黑""知其荣守其辱"，即主张虽自知有雄强之势，却甘居于雌弱之地位；虽自知自身洁白，却甘处于黑暗之处；虽自知其光荣，却甘心受辱。这也就是要在正面的状况中包含反面的因素，达到正反结合，达到更高一级的"正"，从而避免走向反面。

老子告诉我们，只有正面没有反面，则"正"难以为正。

老子这种"知雄守雌"的处世之道，被英国学者李约瑟看成是一种"阴性象征"，与儒家阳性、进取、强硬相反的"阴性、宽容、柔顺、忍耐、退让、神秘和承受"。(《中国科学技术史·科学思想史·道家与道家思想》)可是，李约瑟先生应该更进一步地看出老子这种"阴性象征"的做法，其目的和儒家一样都是积极进取，只不过在途径与手段上有所区别。儒家以有为而进取；道家则是以退为进，以"无为"来实现"无不为"，以"守雌"来避免失去"雄"。

因为做不到"守雌"，所以项羽送命、石崇破家。

张良忍受了圯上老人一次次无理的要求，先是忍怒取履，再是忍辱穿鞋，后又忍气受责，因为能做到"守雌"，所以他终获老人的赞许，得到了宝贵的兵书，后来辅佐刘邦打败项羽，立下汗马功劳。春秋末期，赵无恤（赵襄子）能为社稷忍受智伯的百般侮辱，因为能做到"知雄守雌""为天下溪"（水沟），最终在晋阳大败智伯，造就了三家分晋的新格局。"守雌之道"已被历史反复证明。

对于今天的社会来说，处于有利一方的个人或公司，必须多想想那些不利的因素，在态度上"贵柔""谦下"，才能保持长久不败、长盛不衰。

中庸之道，千百年来被儒家所崇奉，相传它是孔子提出来的。不偏之谓"中"，不易之谓"庸"。中者，天下之正道；庸者，天下之定理。"中庸"是真理，是规律，与老子所提出的"万物负阴而抱阳，冲气以为和"一样，都是属于"道可道，非常道"级别的天道，从理论和实践层面都是很难说清、把握的。

中庸之道的核心主张是"执两用中"。

"中庸"经过《礼记·中庸》的传播而渐渐为国人所熟知，成为封建时期知识分子的处世之道。

《礼记·中庸》相传是孔子嫡孙孔伋（字子思）所作，《中庸》本是《礼记》四十九篇之一，后来从《礼记》中脱离出来，进入"四书"之列，因其"明夫性命道德之归"（朱熹语），而被后世学者尊崇，地位极高。

《中庸》记载了孔子的感叹："中庸其至矣乎！民鲜能久矣。"孔子认为"中庸"大概是最高的道德标准，可惜人们很少能长期做到啊！

孔子观察了君子和小人的行事表现后，说："君子中庸，小人反中庸。君子之中庸也，君子而时中；小人之中庸也，小人而无忌惮也。"

对"君子中庸"二句，朱熹的解释是："庸，常也。用中为常道也。"他进一步解说："中庸者，不偏不倚，无过无不及，而平常之理，乃天命所当然，精微之极致也，唯君子为能体之，小人反是。"对"君子之中庸也"四句，朱熹是这样解释的："君子之所以为中庸者，以其有君子之德，而又能随时以处中也。小人之所以反中庸者，以其有小人之心，而又无所忌惮也。"君子之所以能以"中庸"做事，因为他们有君子之德，而又能够时时恰如其分。小人因为有小人之心，所行非"中庸"，而自以为"中庸"。从"君子中庸"与"小人反中庸"的对比中可推知：做到"中庸"的根源是"天命"，即仁义礼智信这上天赋予人的五种德行。

舜是少数能够做到"中庸"的人之一。子曰："舜其大知也与！舜好问而好察迩言，隐恶而扬善，执其两端，用其中于民，其斯以为舜乎！"舜是位具有高尚品德和高明智慧的君主，他不耻下问，善于观察常人之语；他隐匿人的坏处，宣扬人的好处；他做事舍弃两个极端，统治百姓时使用适宜的手段，这大概就是舜之所以为舜的道理吧！中庸之道的核心"执两用中"便出自此句。

万事万物都存在相反的两个极端，在对事物进行全局整体性的思考之后，反对采取两种极端的手段和方法解决矛盾，而采取不偏向任何一个极端、恰如其分而合乎常规的做法，这就是"执两用中"。舜用这种方法治理国家，政通人和，"执两用中"不仅是处世之道，而且是治世之道，这四个字高度浓缩了孔子的政治伦理思想。

"道之不行也，我知之矣：知者过之，愚者不及也。道之不明也，我知之矣：贤者过之，不肖者不及也。人莫不饮食也，鲜能知味也。"孔子用"莫不饮食，鲜能知味"比喻人们莫不追求"中庸"，但很少有人能够做到。孔子把不能做到中庸的情况分成两类，一类是"过之"，另一类是"不及"。

季文子说他做事总是三思而后行，孔子闻后，说："思考两次就够了。"因为事物无非就是正反两方面，都考虑到就可以了。颠来倒去的思考就是缺乏决断，不思考就是刚愎自用，一个是"不及"一个是"过"，二者都是不可取的。

战国时期，诗人宋玉曾在《登徒子好色赋》里描绘一位美人："增之一分则太长，减之一分则太短；著粉则太白，施朱则太赤。"这里所描绘的美女，身高和容貌都恰到好处，这就是儒家所谓的"中庸"的"中"。故而行中庸，不是凡事只求其半、行其半。而是要求凡事恰到好处、恰如其分而又合乎常规、合乎常情常理，真难啊！

对"执两用中"的中庸之道还有一个普遍性的误解，即凡事折中、骑墙、无原则、做老好人，比如东汉大臣胡广（字伯始），当时京城谚曰："万事不理问伯始，天下中庸有胡公。"后世宋朝司马光、苏东坡等人对胡广持负面的评价，司马光《资治通鉴》（卷五十七）中说："温柔谨悫，常逊言恭色以取媚于时，无忠直之风，天下以此薄之。"朱熹更是一针见血地指出："安常习故，同流合污，小人无忌惮之中庸，后汉之胡广是也，岂所谓时中者哉！"直言胡广的"中庸"是"小人之中庸"（即"反中庸"也）。

能做到"执两用中"的中庸，归根到底靠什么？一靠修德，二靠学习。

《中庸》曰："故君子尊德性而道问学，致广大而尽精微，极高明而道中庸。温故而知新，敦厚以崇礼。"

所以君子既要尊崇圣人的至诚之性，又要通过问学的途径来达道；既要达到如同地德那样的博厚，又要达到无微不至；既要达到如同天德那样的高明，又要通达于中庸之理，两方面都要兼顾。那如何"问学"？具体来说就是结合"问""学"两种学习方式，温习旧知，获得新知。那又如何"尊德性"？就是"敦厚以崇礼"，即内心保持温柔敦厚的天性，对外遵循各种礼仪规范。

在处世和治世上，老子同样主张行事不可过分。《道德经》（第二十九章）曰："天下神器，不可为也，不可执也……夫物或行或随；或嘘或吹；或强或羸；或载或隳。是以圣人去甚、去奢、去泰。"人物或事物各有本性："或行或随；或嘘或吹；或强或羸；或载或隳"，万物以自然为性，故"可因而不可为，可通而不可执也"。王弼《老子注》（第二十九章）言老子不取过盛、过分的行为。"去甚、去奢、去泰"，所以物就不会过盛；物不过盛，也就不易衰败，物不衰败就可长久。由此推到持家，去奢就不至于败家，治国也是同样的道理。

道家与儒家的区别就在于，孔子主张"执两用中"，老子主张"知雄守雌"，思维和行事的具体方法不同，老子的手段比孔子更为阴柔、谦弱；理论的出发点也不同，"执两用中"基于儒家心性天命的理论而提出，"知雄守雌"基于道家顺应自然的思想而提出。

礼乐治国与治大国如烹小鲜

春秋战国，社会处于大变动和大振荡时期，诸子百家都提出了自己的治国方略。儒家提出以礼乐治国的理念。"礼"是礼仪制度和行为规范，在儒家看来，经过"礼"的教化，使人心归于仁义，便可以天下大治。

"治大国如烹小鲜"语出《道德经》（第六十章）。"小鲜"即小鱼，治理大国要像煎小鱼那样不可经常翻动，煎小鱼最忌不停地翻动，因为翻得越多，小鱼就会碎得越快、越厉害。这句名言包含了道家"无为而治"的治国思想。

《论语·为政》中写道："子曰：'为政以德，譬如北辰，居其所而众星共之。'""子曰：'道之以政，齐之以刑，民免而无耻；道之以德，齐之以礼，有耻且格。'"这番论述代表了孔子的治国思想。孔子认为，治国的基本原则是道德教化，而非严刑峻法。当政者运用道德来治国理政，就好像北极星在一定的位置上，其他众星井然有序地环绕着它。用法制禁令去引导百姓，使用刑法来约束他们，老百姓只求免于犯罪受罚，却失去了廉耻之心；用道德教化引导百姓，使用礼制去统一百姓的言行，百姓不仅会有羞耻之心，而且也就守规矩了。

以乐治国是中国古代独有的治国方略，从"周公置礼作乐"开始，"乐治"便与"礼治"融合在一起，成为贯穿中国古代政治体系的"礼乐之治"。所谓以乐治国，即将"乐"作为国家统治之工具，通过对"乐"的种类、适用对象以及对乐器的规定来实现中国古代社会的等级制度，并对统治者及被统治者进行教化的治国方略。周代的"礼""乐"融为一体，构成了一个和谐稳定的宗法等级制度，而这种和谐稳定的社会正是孔子所向往的。比如在周代礼乐制度中，乐舞艺术的社会等级是非常明确的，不同等级的人应享用不同等级的音乐，只有天子才配享受"八佾"的乐舞规模。曾有鲁国执政的贵族大夫季氏在自己家里"八佾舞于庭"，孔子听说此事，不禁发出"是可忍也，孰不可忍也"的激愤之语。

孔子重视"乐"的社会规范性，强调"礼"与"乐"的统一。在孔子看来，"礼"的规范实行需要"乐"的熏陶教育，"乐"最重要的不在于形式，而在于其内容与思想。孔子对"乐"的要求极高，不是所有的音乐、歌舞都可以用来治国，他看重的是具有"仁爱"精神的、不仅尽美而且尽善的音乐，只有这样的音乐方能实行"乐治"。《论语·八佾》中说："子谓《韶》，尽美矣，又尽善也。谓《武》，尽美矣，未尽善也。"孔子之所以对《韶》乐和《武》乐做出两种不同的评价，是因为《韶》乐表现了尧、舜以圣德受禅，故尽善；《武》乐则表现了武王以征伐取天下，故未尽善。由此可见，上述孔子对《韶》和《武》乐的评价，与他的"为政以德"的原则是一致的。

《论语·先进》中的《子路、曾皙、冉有、公西华侍坐》，描述了孔子与弟子惺惺相惜的生动场景。

　　"点，尔何如？"

　　鼓瑟希，铿尔，舍瑟而作，对曰："异乎三子者之撰。"

子曰："何伤乎？亦各言其志也。"

曰："莫春者，春服既成，冠者五六人，童子六七人，浴乎沂，风乎舞雩，咏而归。"

夫子喟然叹曰："吾与点也。"

孔子问弟子们的是如何治国的问题。曾皙以"莫春者，春服既成，冠者五六人，童子六七人，浴乎沂，风乎舞雩，咏而归"的画面予以形象、含蓄的回答。曾皙所描绘的图景，是一幅少长融洽相处的和谐画面，"风乎舞雩"与祭祀有关，合乎"礼"；"咏而归"，合乎"乐"，是礼乐昌明的理想图景。这些都契合孔子的思想。孔子思想的核心是"仁"，经过了礼乐的教化，才会出现这样"天下归仁"的和谐世界。孔子赞同曾皙的理想，反映了孔子"礼乐治国"的政治理想。

道家反对这一主张。《道德经》中说："失道而后德，失德而后仁，失仁而后义，失义而后礼。"道家把仁义和礼教看作是大道不行于人世的结果，是巧伪和奸诈的根源，是对人的自然本性的戕害。

老子把世代君主按等级列为四等，"太上，不知有之；其次，亲而誉之；其次，畏之；其次，侮之。信不足焉，有不信焉。"指出最下等的统治者失信于民众，所以民众不信任不服从他；最上等的统治者是这样的：尽管有功于广大民众，但不需要民众一天到晚赞誉、歌颂他，民众丝毫感觉不到权力机构对他们的影响、逼迫。正如距今四千多年前，一位八九十岁的老农所唱的《击壤歌》："日出而作，日落而息；凿井而饮，耕田而食；帝力于我何有哉！"

"帝力于我何有哉！"君主的统治跟我有什么关系呢？为什么下民仅仅知道有君主而已，丝毫不感觉到被君主统治呢？老子所要表达的是无为无迹的社会政治观，即"在上者行不言之教，而及其成功，百姓各遂其性，皆曰我自然而然；则亲誉、畏侮之心不生于世矣"。（陆希声《道

儒道释会通的人

德真经传》)

庄子对老子的话做了进一步解说，《庄子·在宥》曰："君子不得已而临莅天下，莫若无为。"《庄子·天地》的这段话说得更加具体："至德之世，不尚贤，不使能，上如标枝，民如野鹿，端正而不知以为义，相爱而不知以为仁，实而不知以为忠，当而不知以为信，蠢动而相使不以为赐。是故行而无迹，事而无传。"

"无为而治"的治国思想，就是"以道治国"（王弼语），它与"以仁义治国""以礼乐治国""以法令治国""以权谲治国"等主张截然不同。《道德经》（第五十七章）批判后者曰："天下多忌讳，而民弥贫；民多利器，国家滋昏；人多伎巧，奇物滋起；法令滋彰，盗贼多有。"那么治国应当怎样才合适呢？"治大国如烹小鲜"这句话广为传播，给人的印象特别深刻。

20世纪80年代末，时任美国总统的里根在一年一度的"国情咨文"中谈经济政策，引用了《道德经》（第六十章）的一句名言"治大国如烹小鲜"以表明他作为总统对自由市场经济的尊重和重视，这是东方智慧在现代西方的运用。老子在句中用"烹小鲜"设喻，告诫统治者治理国家时，不可有为多事，不要动不动以事扰民，应该实行"清静无为"的原则，与民休息。

"清静无为"的原则包含两层含义：一是统治者自身少私寡欲，以清静修身，以身作则，教化百姓。如《道德经》（第五十七章）曰："故圣人云：我无为而民自化，我好静而民自正，我无事而民自富，我无欲而民自朴。"《庄子·天地》表达了相似的意思："古之畜天下者，无欲而天下足，无为而万物化，渊静而百姓定。"可见道家多么强调清静寡欲的修养对君主的重要意义。何以如此呢？"清静无为"的政治原则需要统治者来实施，所以君主的自身修养不仅仅关乎个人的私德问题，而且还是"清静无为"的治国方略得以实行的前提和保障。第二层含义是老子所主张的"清静无为"并非是指不作为、无所事事，而是指统治者在"清静无为"这一原则的指导下，为无为之事。何谓"无为之事"呢？那就是遵循事物发展变化的内在规律，顺应民情和民意，制定国家政策，颁布国家法令，百姓受其惠而不觉，这样的话，既可以保证国家稳定、社会安宁、社会风气淳朴和谐，也可以保证百姓淳朴自然的天性不受损害。"悠兮，其贵言。功成事遂，百姓皆谓'我自然'。"（《道德经》第十七章）最好的政治实现后，百姓不觉得这是统治者的功劳，而是说"我自然"，这与尧统治天下时老农所唱的歌谣"帝力于我何有哉！"何其相似。

"以权谲为政"，天下每每大乱，比之稍好一些的是"以刑法为政"，是仁义礼乐不足以治的产物。比"以刑法为政"稍好一些的是"以仁义礼乐为政"，但这种治国方略是"失道"而后"失德"的产物。人们尽管亲之、颂之、戴之，但这恰恰说明了它的虚伪性、不平等性。相传老子曾开导孔子，要他退仁义、废礼乐；庄子也极力贬斥"以仁义为政"，说"有虞氏招仁义以挠天下也，天下莫不奔命于仁义"，认为这是"以仁义易其性与？"（《庄子·骈拇》）那么，"无为而治"便是道家所称道的"太上之治"了。遵民之性，不轻易发号施令，减刑、减税、慎兵，为无为之事，较之上述这些积极有为的治国方略，百姓在宽松、自由的社会风气中，更能安其居，更能愉悦地生活和生产，百姓安，则社会安、天下安。

"小国寡民……甘其食，美其服，安其居，乐其俗。邻国相望，鸡犬之声相闻，民至老死不相往来……"是老子对其政治理想的描述。"治大国如烹小鲜"包含了治理大国也当"清静无为"之意。在老子看来，无论国家的疆域是狭小还是广大，统治者都应该像烹小鱼一样，谨慎治理，少折腾，少扰民，才能构建一个和谐淳朴的理想国家。

二 会通

孔子问礼于老子

　　孔子问礼于老子，不仅是私人间的访学事件，更是中国学术史上重要的事件。

　　老子是楚国苦县（今河南省鹿邑县）厉乡曲仁里人。姓李，名耳，字聃，他是中国古代第一位哲学家，自撰的《道德经》是中国最早的具有完整的理论体系的哲学著作。老子生于约公元前570年，其去世之日已无从考证。世传他来到函谷关，应关令尹喜的要求，写下了《道德经》五千言，方出关，自从其骑一青牛出关西去之后，人们莫知所踪，有人猜测其寿有一百六十多岁，也有人说他活了二百多岁。

　　孔子生于鲁襄公二十二年（公元前551年），卒于鲁哀公十六年（公元前479年）。孔子比老子小二十岁左右。据《史记·孔子世家》记载，鲁襄公二十二年，孔子出生在鲁国昌平乡陬邑（今山东省曲阜市），他的先祖是周朝初年分封于宋国的商朝遗族，所以孔子自称商人之后。他的祖上历代为宋国大夫，高祖之前几代迁居到鲁国，成为陬人。其父亲叔梁纥是陬邑宰，以勇力闻名，与颜氏第三女徵在野合并祷于尼丘而有孔子，孔子三岁时叔梁纥去世，于是孔子由母亲孤身一人带大。孔子在孩提时游戏玩耍时就经常将俎豆之类的器具摆设成做礼仪仪式的形式，体现出幼年孔子对礼仪的特殊兴趣。随着年龄的增长，孔子对家族和国家的各种礼仪生活的感受、关注与参与日益加深，他的名气也越来越响。

老子和孔子生活在同一历史时期，其社会背景、文化背景都是大致相同的。

关于孔子曾问礼于老子，先秦儒家的《礼记》、道家的《庄子》、综合各家学派思想的《吕氏春秋》典籍中都记载了此事。在西汉司马迁的《史记》中的《仲尼弟子列传》《老子韩非列传》和《孔子世家》也有叙述。《韩诗外传》也记载了"孔子学于老聃"，《孔子家语》中也有"孔子问道于老子"的记载。这些著作虽来自不同的思想体系，不过在孔老关系上，大体可互相印合；此外，在孔子家乡山东曲阜等地发现的民间画像石上刻有孔子问道于老子的图像，考古的发现也说明孔子曾问礼于老子的事情是真实可信的。

孔子一生好学，坚信"三人行，则必有我师焉"。关于孔子请教过的老师，在《史记·仲尼弟子列传》中，有这样一段话："孔子之所严事：于周则老子；于卫，蘧伯玉；于齐，晏平仲；于楚，老莱子；于郑，子产；于鲁，孟公绰。"严事，就是师事。孔子的老师在周朝是老子，在卫国是蘧伯玉，在齐国是晏平仲，在楚国是老莱子，在郑国是子产，在鲁国是孟公绰。司马迁的时代距离先秦不远，有不少资料当时还能看到。"于周则老子"，作为一名严谨的史官，司马迁做出如此明确清晰的判断，应该是有足够的证据的。

周朝社会政治思想中的核心问题是"礼"。所谓"礼"有狭义与广义之分。广义的"礼"指典章制度方面的礼节，狭义的"礼"指婚丧朝聘方面的礼节。在老子的时代，国家的一切内政外交、社会人伦，无不与礼有十分密切的关系。周代的史官是要直接参与朝廷的礼事的。老子是

"周守藏室之史"，是掌管朝廷藏书的史官，他精通"礼"是十分自然的。

孔子问礼于老子之事，据北京大学哲学系陈鼓应教授考证，时间上有四种说法，分别是：孔子十七岁时、三十四岁时、五十一岁时、五十七岁时；地点上也有四种说法：于周（河南洛阳）、于巷党（孔子助葬老子于巷党，巷党是鲁地）、于沛（"之沛见老子"，沛在今江苏沛县，当时是宋地）、于陈（孔子"居陈三岁"，老子是陈人，因此孔老有相遇于陈地的可能性）。陈鼓应先生认为，孔子问礼于老子时间上可能不止一次，空间上也可能不止一处，各家学派所记载的是各家学派所熟悉的地方的事情。（陈鼓应《老学先于孔学》）

如果我们选取《史记》的说法，即孔子问礼于老子于周，那么这件事情发生的时间就是公元前583年，中年的孔子与老年的老子在周朝相遇。

据《史记·孔子世家》记载：南宫敬叔言于鲁君曰："请与孔子适周。"鲁君与之一乘车，两马，一竖子俱，适周问礼，盖见老子云。南宫敬叔是孟僖子之子，鲁国贵族，孔子的弟子。他向鲁国国君请求跟孔子一起到周朝都城洛阳，鲁君给他们一辆车、两匹马、一名童仆，到洛阳见老子请教周礼。

到了周朝（洛阳）之后见老子的情形，则在《史记·老子韩非列传》中有记载：孔子适周，将问礼于老子。老子曰："子所言者，其人与骨皆已朽矣，独其言在耳。且君子得其时则驾，不得其时则蓬累而行。吾闻之，良贾深藏若虚，君子盛德，容貌若愚。去子之骄气与多欲，态色与淫志，是皆无益于子之身。吾所以告子，若是而已。"

老子对前来问礼的孔子说："你所说的礼，倡导它的人的骨头都已经腐烂了，只有他的言论还在。况且君子时运来了就驾着车出去做官；生不逢时，就像蓬草一样随风飘转。我听说，善于经商的人把货物隐藏起来，好像什么东西也没有，君子具有高尚的品德，他的容貌看上去像愚钝的人。抛弃您的骄气和过多的欲望，抛弃您做作的情态神色和过大的

二 会通

志向，这些对于您自身都是没有好处的。我能告诉您的，就这些罢了。"

这里老子对孔子所说的"深藏若虚""容貌若愚""去骄气与多欲，态色与淫志"与《道德经》书中一贯的思想是一致的，《史记》的记载是可信的。

孔子回去之后，对弟子们说："鸟，我知道它能飞；鱼，我知道它能游；兽，我知道它能跑。（对待）会跑的，可以织网捕获它；（对待）会游的，可制丝线去钓它；（对待）会飞的，可以用箭去射它。至于龙，我就不知道该怎么办了，它是驾着风而飞腾升天的。我今天见到的老子，大概就是龙吧！"由此可见，此行问礼于老子，孔子在学识和精神上的收获是巨大的，他对老子的尊崇也达到了最高程度，用"龙"来称呼老子，可见在孔子心中，老子的学识和智慧是那样高不可及，正是因为有了这些收获，使得孔子的教学声望有了提高，回到鲁地之后，孔门的弟子越来越多。

在多年以后的教学中，孔子还经常用"吾闻诸老聃"之类的话语，引述当年老子的教示来解答曾参和子夏的问礼：行军的时候君主的牌位应该放在何处？出丧的时候遇到日食又如何处理？小孩死了以后应该埋在近处还是远处？居丧的时候应该从军还是应该退役？老子告诉孔子的这些具体细微的礼仪制度规范令孔子受益颇多。

孔子不仅有心继承周礼的形式，而且一直不断思考先王礼乐文化的精神内涵。春秋末年，礼崩乐坏，各诸侯国的君主赠礼崇尚玉帛，奏乐必假钟鼓，孔子反问："礼云礼云，玉帛云乎哉？乐云乐云，钟鼓云乎哉？"（《论语·阳货》）他认为玉帛不是"礼"本身，只是"礼"的文饰；钟鼓也不是"乐"，钟鼓只是乐器。玉帛和钟鼓都只是"礼"的外在形式。如果没有"仁爱"这个内核，徒有形式，那"礼"就将成为无源之水、无本之木。有若是孔子的高徒之一，他不仅长得像孔子，而且能比较全面深刻地理解孔子的思想体系，在孔子死后甚至被孔门诸弟子当作孔子以

儒道释会通的人

师礼待之。《论语·学而》记载了有若对"礼"的看法:"礼之用,和为贵。先王之道,斯为美。小大由之,有所不行。知和而和,不以礼节之,亦不可行也。"他首先言简意赅地指出了"礼"的作用在于使人与人、人与社会处于和谐的状态;然后强调"礼"的重要性,人的行为无论属于大事还是属于小事都要遵从"礼"而行;最后强调"礼"的必要性,为了达到"和"的目的而刻意追求人我关系的和睦,其间缺少通过"礼"约束自身行为的过程,是不可能真正达到"和"的。有若的这个看法,被众弟子认为很好地说出了老师的礼乐思想,而被放在《论语》的首章《学而》篇中。"礼之用,和为贵"这句话也成为中华民族代代相承的价值取向,深刻地影响了中国人的思想和行为。

作为向孔子传授"礼"的老师,老子精通周礼,他身为周朝史官,一方面对周礼有全面而深入的认识,另一方面也看到了实行周礼并没有带来周朝的强盛,相反,到春秋末期周王朝政权管辖的地区只剩下了京城附近的弹丸之地。所以在对"礼"的态度上,孔子持"恢复周礼",老子却与之相反。《道德经》(第三十八章)云:"失道而后德,失德而后仁,失仁而后义,失义而后礼。"意思是失"德",然后讲"仁";失"仁",才会有"义";连"义"都不讲了,就只好用"礼"。"夫礼者忠信之薄而乱之首。"老子接着表示讲"礼"就近乎祸乱的开端了。老子对周礼持有如此明确的贬抑态度,或许也在一定程度上导致了后来有些人怀疑孔子问礼于老子的事情的真实性。

事实上,老子是一个思想非常深邃、视野非常开阔的人,同时又是一个极其谦虚、虚怀若谷的人,如果他对周礼一窍不通的话,是绝对不会随便地对"礼"批评一通,甚至主观臆断地对"礼"进行排斥的。看过《道德经》(第三十八章)全文,不难发现老子对"礼"的贬抑是以对"道""德""仁""义""礼"五者的通盘考虑为基础的。老子所处的时代,天下大乱,诸侯国之间长年征战,这个时候的所谓"礼"已经在很大程度上异化为统治者为自己谋取利益、压制老百姓的工具了。"礼"逐渐开始向具有强制性的"法"转变，本来是出于人情自然的"礼"变得越来越面目可憎，背离大"道"。《道德经》（第五十七章）说："天下多忌讳，而民弥贫。"这里的"忌讳"就是统治者所颁布的"礼法"，思维犀利的老子一眼看出了它的本质，即它已经成了统治者为自己谋权谋利的工具了，因此"礼法"越多，老百姓受到的压制就越多，生活也就会越贫困。

老子对周礼的看法是具有思辨色彩的：他从"道法自然"的哲学智慧和精神情怀出发，对周礼的肯定并非是绝对的，而是有条件的，即"礼"必须合乎"大道"、合乎"自然"；他对周礼的贬抑也并非是绝对的，而是有其现实针对性的，即他那个时代统治者单纯实行礼制而遗失了"大道"的事实。

吕思勉先生认为老子"知礼乃其学识，薄礼是其宗旨，二者各不相干"。后人不能因为老子薄"礼"，就否定孔子问礼于老子的真实性。将个人的学识与学术主张区分开来，是我们了解学术史所需秉持的重要思维方式。

孔子问礼于老子一事还反映了在老子和孔子的年代，后世意义上的"道家"和"儒家"之分或许是不存在的。老子的思想中包含了孔子和早期儒家的诸多思想元素，如"仁""义""中庸""礼"，孔子思想中也多处流露出老子和早期道家的思想元素，如"隐逸""谦下""无为"等。早期的儒道两家在诸多方面并非完全分开，儒道会通，和平共处，不存在对立和紧张可言。

『述』与『作』

　　"述而不作"语出《论语·述而》:"子曰:'述而不作,信而好古,窃比我于老彭。'"从此,"述而不作"俨然成为两千年来中国知识分子从事编撰、阐释、著述的主导思维方式。被视为"天纵之圣"且"多能"的孔子,缘何自称"述而不作"?确实令人费解。

　　我们先来了解一下两位大家对"述而不作"的解释。朱熹曰:"述,传旧而已。作,则创始也。故作非圣人不能,而述则贤者可及。窃比,尊之之辞。我,亲之之辞。老彭,商贤大夫,见大戴礼,盖信古而传述者也。孔子删诗书,定礼乐,赞周易,修春秋,皆传先王之旧,而未尝有所作也。故其自言如此,盖不惟不敢当作者之圣,而亦不敢显然自附于古之贤人。盖其德愈盛而其心愈下,不自知其辞之谦也。"孔子"述而不作"的前提条件是:"然当是时,作者略备,夫子盖集群圣之大成而折衷之,其事虽述,而功则倍于作矣,此又不可不知也。"意思是孔子之前的圣人已经把道理精义全讲了出来,剩下要做的就是综合整理。

　　台湾当代著名学者南怀瑾先生在《论语别裁》中对这句话是这样理

解的："我们研究孔子的思想，知道孔子很谦虚，他说我述而不作。什么叫述？就是承前启后，继往开来，保留传统的文化，就是把它继承下来，流传下来，好比现在说的，播撒种子，没自己的创作，不加意见。孔子的删诗书、定礼乐、系易辞、著春秋等六经文化的整理，只是承续前人，并没有加以创作。"

朱熹和南怀瑾的看法可以代表古今学者对"述而不作"的主流解释，即"述而不作"强调"述"而否定"作"。少部分声音持"述而不作"是强调"作"的精神的态度。

《史记·孔子世家》曰："孔子之时，周室微而礼乐废，诗书缺。"就拿"诗"来说，"诗"指的是《诗》，被称为《诗经》是西汉时期的事。西周时期赋诗、引诗之风流行，除了《诗》中保存了君主、各国诸侯、大臣、使臣在政治或外交场合中赋、引的诗篇，各诸侯国的乐师那里也保存着一些诗。在诗礼赋咏中解决国家间的重大问题，折射出周朝文化是一种具有浓郁的人文主义精神的文化，具有温情脉脉的特征。

《诗》收录了自商朝末年（一说西周初年）到春秋中叶的诗歌三百零五篇，存目三百十一篇，其中六篇有目无辞。诗篇所产生的地域较广，大约在山东、河南、陕西、山西等地；其作者成分多元复杂，有社会底层的农夫农妇，也有上层的贵族重臣。关于《诗经》的结集，《毛诗序》和郑玄的《诗谱序》都认为有两次。郑玄指出，《二南》《周颂》《小雅》中的前十六篇、《大雅》中的前十八篇产生于王道兴盛的周朝初期，是成王、周公时就编定的。除此以外的部分则是周懿王之后王道衰微的产物。"孔子录懿王、夷王时诗，讫于陈灵公淫乱之事，谓之变风、变雅。"（郑玄《诗谱序》）他还把《诗经》收入的周懿王时期之后的诗歌专门称为"变经"，以相对于《诗经》所收入的西周初年的诗歌"正经"。

关于《诗经》的最后编定，我们看到最多的记载是"孔子编诗"说法，不仅郑玄持此看法，司马迁也如是。《史记·孔子世家》说："古者

儒道释会通的人

诗三千余篇，及至孔子，去其重，取可施于礼义，上采契、后稷，中述殷、周之盛，至幽、厉之缺，始于衽席……三百五篇，孔子皆弦歌之，以求合韶、武、雅、颂之音。"这就是说，孔子当时见到的诗有三千多篇，孔子"去其重"，把重复的、大同小异的去掉（删去的诗歌达十分之九之多）；"取可施于礼义"，将能用于礼乐的取出，如此得到了三百余篇。

在孔子看来，《诗》绝不是一部简单的以情感抒发为目的纯文学性质的集子，而是以周代文化为基本内容的华夏传统文化最可靠的载体。周文化是在对夏、商文化的继承、损益中发展起来的，它以礼乐文明为主体，以人伦道德为核心。但是，到了春秋中叶这一文化传统面临"礼崩乐坏"的局面，孔子自觉地担负起存亡继绝的使命，《诗经》的编定是其中重要的一步。《诗》是一部乐歌总集，"孔子皆弦歌之"，是复兴礼乐的依据。孔子编《诗》之所以"取可施于礼义"，"以求合韶、武、雅、颂之音"，实际上就是要复兴礼乐制度，法文、武、成、康之道，再现盛世。不仅如此，《诗》三百篇，还承载着华夏民族的情感、气质、心理、观念、价值判断、意识、思想等内在精神世界，是华夏民族精神形象、具体、深刻的展示。由此看来，孔子编《诗》实在是一项蕴含着巨大文化意义的事业。

正因为如此，在过去的两千多年里，《诗经》是以"经"的绝对权威存在于中国历史中的。它的经学意义远大于文学意义，换句话说，它对中国历史的巨大影响主要在"经"而不在于"诗"。《诗经》的经学意义是绝对离不开孔子对《诗》的删、取、合等一系列工作的，绝不是简单的"传旧"。我们不妨设想一下：假如没有孔子上述这些工作，后人所见到的《诗》会是怎样的？将是大量或重复的，或残篇断简的，或无法演奏、无法赋引的，不能用于礼乐的诗篇。《诗》会还成为《诗经》吗？由是可知，没有孔子就没有后世具有经学意义的《诗经》的产生，孔子

"编诗"是"述",更是"作"。

孔子编撰《春秋》、注《周易》和其编诗是同一个道理。除了鲁国，齐国、楚国等各国皆有史官编撰的历史资料，如果没有孔子编撰鲁国的《春秋》，《春秋》岂能微言大义？孔子解《周易》（《十翼》）成《易经》，《十翼》对后世的影响超过了原来的《周易》。孔子对民族文化而言不仅仅是传承者，而且是主动积极、卓有成效、泽被后世的建树者、创造者。

孔子所处的社会还有一个特征就是：诗书散落在民间，学术也从官方下移到民间。在此之前，商朝、周朝是"学在官府"，即所有专门知识均藏于王室，由巫、祝、史、卜等专门的文化官员掌握，实行文化垄断。春秋中后期，"礼乐征伐出自天子"的时代不复存在，大夫、庶士、家臣等社会边缘阶层成为社会中心。《左传·昭公十七年》中有："天子失官，学在四夷。"《庄子·天下》中说"道术将为天下裂"，这便是私学的开始，大概也是儒学兴盛起来的环境因素。尽管这样，"作"与"述"仍是有严格的等级区分的。《中庸》云："非天子不议礼，不制度，不考文。今天下车同轨，书同文，行同伦。虽有其位，苟无其德，不敢作礼乐焉；虽有其德，苟无其位，亦不敢作礼乐焉。"这段话是说：不是天子，就没有资格议论"礼"的改变，没有资格制定法度，没有资格考定文字。孔子之时，天下法度统一、文字统一、礼仪统一，即使有天子之位，如果没有圣人之德，不敢作礼乐；即使有圣人之德，如果没有天子之位，也不敢作礼乐。东汉大儒、编注群经的郑玄概括"虽有其位"以下六句的意思说："言作礼乐者，必圣人在天子之位。"

由此可见，孔子自言"述而不作"，有一个重要原因，即不是孔子没有"作"或不"作"，而是孔子有德有才无位，没有"作"的地位。因礼制，孔子只能说自己"述而不作"。

而后世通常认为老子是创作者，因为他写就了《道德经》。司马迁《史记·老庄申韩列传》曰："老子修道德，其学以自隐无名为务。居周久之，见周之衰，乃遂去。至关，关令尹喜曰：'子将隐矣，强为我著书。'于是老子乃著书上下篇，言道德之意五千余言而去，莫知其所终。"《史记》中这段话对后世对老子形象的认识影响深远。

那么，事情真的这样简单吗？

至今在甘肃天水（尹喜的故乡）还流传着老子和尹喜的传说，这些传说已经口耳相传了千余年；不仅有传说，还有许多跟二人有关的遗址、历代县志的记载。

《天水县志》记载："尹喜故里，在县城东三十里之伯阳渠北山上，有尹道寺。"史载，尹喜是先秦时上邽县（今甘肃省天水市清水一带人），尹喜的母亲姓鲁。尹喜喜欢《坟》（《三坟》）、《索》（《八索》）、《素》（《太公素书》）、《易》（《周易》）之类的书，这些书是古代研究星象山川的书籍，他曾在终南山周至修建茅庐，精思至道，后来，周王闻之，拜为大夫，后任函谷关令。

民间传说就在老子路过函谷关的前一天晚上，函谷关关令尹喜看到有一团紫气从东方而来，大为惊奇，因为这是圣人的标志。成语"紫气东来"就出于此处。果然，第二天，一老者骑一头青牛，在一小童的陪伴下慢慢入关。尹喜拦住一叙，知老者是老子。尹喜大喜，希望老子"强为我著书"。"于是老子乃著书上下篇，言道德之意五千余言而去"。后来尹喜拜老子为师，《道德经》五千言就是通过尹喜传出来的。

天水县伯阳镇一带民间传说，尹喜接到老子后，伴随老子一路西行，先到了楼观台，在此抄录完了《道德经》。然后翻越关山，顺着清水陇东乡的教化沟过牛间里，最后抵达尹喜的故里——尹道寺。一天，老子师徒看到南面渭水河伯阳谷 ① 中气象不凡，有龙虎之态，便顺着溪流而下，来

---

① 伯阳谷：地名，是刑马山下自东南走向西北的山谷，位于今甘肃省天水市。相传老子曾在此地生活多年。郦道元《水经注·渭水》卷记载："渭水又东，伯阳谷水入焉。水出刑马之山伯阳谷，北流；白水出东南白水溪，西北注伯阳水。"

到渭水之滨的兴仁村一带，后来他们选准了柏林观的龙嘴子，在此结庐而居、讲经说法、开凿水渠。后人为了纪念老子，就把他们开凿的渠道取名为伯阳渠①。至今，柏林观附近还有老子庵、讲经台遗址。

老子不仅在渭河中上游一带活动，还在尹喜的陪同下一路西行，入于流沙。人们推测老子继续西行后，在渭水、洮水、湟水和居延泽一带讲经传道，访伏羲、大禹等人的遗迹达十七年之久，最后隐居并逝世（飞升）于古陇西邑东山凤台。在临洮不仅有相关的民间传说，也有古遗址，当地自三国时起每年都会祭拜老子，千百年来这个传统一直未断。明代杨继盛曾被贬为临洮典史，他写道："此台（超然台）相传为老子飞升之所。"老子仙逝之地至今没有统一的结论，比如有人认为老子殁于西域敦煌三危山，还有人认为老子西行到了印度。

在《庄子·天下》篇中，庄子点评当时各家思想，将关尹（尹喜）、老聃二人相提并论，将他们看作是道家早期的代表人物：

> 以本为精，以物为粗，以有积为不足，澹然独与神明居。古之道术有在于是者，关尹、老聃闻其风而悦之。建之以常无有，主之以太一。以濡弱谦下为表，以空虚不毁万物为实。关尹曰："在己无居，形物自著。"……老聃曰："知其雄，守其雌，为天下溪；知其白，守其辱，为天下谷。"……其行身也，徐而不费，无为也而笑巧……虽未至极，关尹、老聃乎，古之博大真人哉！

上面这段文字主要讲关尹、老聃对古代道术的内涵很喜欢，他们的主

---

① 伯阳渠：伯阳是老子的字。伯阳渠是地名。是老子西行的主要活动地点之一。《甘肃新通志》《秦州直隶新志》《天水县志》等书记载："尹喜故里，在县城东三十里之伯阳渠北山上，有尹道寺。"伯阳渠早在元代就建有老子、尹喜的道观。奉祀老子的道观称柏林观，又有讲经台。山后十余里有尹道寺，称"尹喜故里"。

张是建立在"常无"与"常有"的基础上，以"太一"为核心，以"柔弱谦下"为外表，以"空虚不毁伤万物"为实质，并最终盛赞："关尹、老聃啊，真是古代的博大真人！"由此可见，尹喜绝非一名普通的函谷关关令，他学识渊博。他先为周大夫，后调任函谷关关令，也许正是为了与西行的老子相遇、相识。"述而不作"是当时的时尚。《道德经》一书从文体上看，有语录体特征。《礼记·曾子问》里多处引用老子的话，孔子说："吾闻诸老聃。"我们完全有理由推断老子将自己多年形成的对人生、自然的一些思考讲述给了尹喜，尹喜把老子的讲述记录下来，根据自己的理解和研究，再加工、润色、整理出最原始的《道德经》。因而，《道德经》是老子讲述，尹喜记录、整理、加工的产物。

综上所述，我们可以认为：孔子和老子二位圣哲都是"作"者，孔子以删定、解释的方式"作"，老子以讲述的方式"作"。

朴素而天下莫能与之争美

"朴素而天下莫能与之争美"，语出《庄子·天道》篇中的"静而圣，动而王，无为也而尊，朴素而天下莫能与之争美"。朴，没有加工过的木料；素，没有染色的丝绸。朴素是最自然最本色的美，没有什么可以与朴素媲美，这实在是对朴素之美最好的诠释。

道家最崇尚朴素之美。老子"道法自然""见素抱朴""常德乃足，复归于朴"，庄子"天地有大美而不言"。天然的本色和自然的本性是最美的。

朴素的诗是最美的。司空表圣《诗品·含蓄》曰："不着一字，尽得风流。"李白《忆东山》中有"不向东山久，蔷薇几度花。白云还自散，明月落谁家"句，用平白之语表达出了深远蕴藉的意境。

中国书法是最美的，简朴淡素，只黑白二色，却能飘若浮云，矫若游龙，气象万千。

水墨画是最美的，虽只有一种颜色，但墨色的深浅、浓淡、疏密、枯润蕴含无穷的变化，时而泼墨如水，时而惜墨如金，无不展现着古朴的诗意美。

为什么"朴素而天下莫能与之争美"呢？最深刻的原因在哪里？我们知道，老子是主张"不争"的，并且在讲"水"的时候，说"夫唯不争，故天下莫能与之争"。其实，朴素之美，同样是不争的。也就是说，它不屑于与缤纷之五彩争美；然而，也正因为不争，它本身所拥有的内在精神之美反倒彰显了出来。也就是说，"朴素而天下莫能与之争美"强调的是内在的精神之美，既拥有朴素的外表，又拥有内在精神的崇高与充实。

朴素之美的精神实质就是：无为。《庄子·天道》中说："夫虚静恬淡寂漠无为者，万物之本也。"庄子认为虚静、恬淡、寂漠、无为是万物的根本，并认为如果明白这个道理的话，做国君，就能像尧一样；做人臣，便能像舜一样。以此处上，能具备天子之德；以此处下，是成为玄圣素王之道；以此退居而闲游，则江海山林之士敬佩。他说，清静为玄圣素王，行动为帝王君主，无为为万物所尊崇，朴素而天下莫能与之争美。做到了"无为"，便达到了朴素；达到了朴素，则没什么能与之媲美。成为玄圣、成为帝王、称美于天下都是"无为"的结果。所以"无为"是朴素之美的精神实质。

因此，庄子反对"有为"对自然、本真的破坏。《庄子·秋水》中河伯与北海若有如下对话，可以证明他的这一观点。

秋水曰："何谓天？何谓人？"北海若曰："牛马四足，是谓天；落马首，穿牛鼻，是谓人。"故曰："无以人灭天，无以故灭命，无以得殉名。谨守而勿失，是谓反其真。"

河伯问：什么是天然，什么是人为？海神回答：牛马生来就有四只脚，这就叫天然；用马络套住马头，用牛鼻缩穿过牛鼻，这就叫人为。人为使牛马失去了自然，失去了朴素，失去了它们自由不羁的动物本性，是没什么美可言的。所以说，要真正实现美，就不要用人为去毁灭天然，不要用有意的作为去毁灭自然的禀性，不要为获取虚名而不遗余力。谨慎地持守自然的禀性而不丧失，就叫作返归本真。由此可见，"无为"才能"反其真"，才能具有朴素之美；"有为"损毁事物的禀性，破坏真，导致事物失去美。

得道之人以"无为"为宗旨，以朴素为美，普通人眼中的外表美，在得道之人眼中并不美。

《庄子·山木》篇讲了这样一个寓言故事：阳子之宋，宿于逆旅。逆旅者有妾二人，其一人美，其一人恶，恶者贵而美者贱。阳子问其故，逆旅小子对曰："其美者自美，吾不知其美也；其恶者自恶，吾不知其恶也。"阳子曰："弟子记之！行贤而去自贤之行，安往而不爱哉！"

阳子（杨朱）到宋国去，其所居住的客栈主人有两个妾，其中的一个很美丽，另一个很丑陋。长得丑的人受尊重，长得美的却受到冷漠的对待。阳子问客栈主人这样做的原因，客栈的主人回答说："那个美丽的自以为美丽而骄傲，所以我不认为她美；那个丑的自认为丑陋，但我不认为她丑。"阳子说："弟子记住了！品德高尚而又不自以为贤明的人，到哪里不受尊重呢？"从这则寓言中可以看出，"美者贱"是因为她"自美"，自以为美，而没"行贤而去自贤之行"，也就是没有做到"无为"，美者光有外表美而没有内在精神的高尚、充实。"恶者贵"是因为她"自恶"，外表虽丑陋，但内心却谦卑、贤德。这则寓言说明：内心美胜于外表美。庄子在这里刻意强调了秉持无为之道的重要性，告诉人们没有内在精神之美，徒有外表之美，是不值得高看的。

对于"美"的认识，儒家也有动人的描述：子夏问曰："巧笑倩兮，美目盼兮，素以为绚兮。何谓也？"子曰："绘事后素。"曰："礼后乎？"子曰："起予者商也，始可与言《诗》已矣。"（《论语·八佾》）

这真的是一段极美的散文。子夏问道："'美的笑容，酒涡微动；美的眼睛，黑白传神；洁白纸上，灿烂颜色。'这是什么意思？"孔子说："先有白底子，而后才绘画。"子夏说："那么礼在后吗？"孔子说："启发我的是你呀，这样才可以与你讲诗了。"（李泽厚《论语今读》）

《论语》中的这一段文章绚丽，一波三折，字面上好懂，其实不然，从东汉开始，人们一直误读。对于关键句"绘事后素"，历代学者都做了自己的解释。朱熹在《四书章句集注》中将"绘事后素"解读为"谓先以粉地为质，而后施五彩，犹人有美质，然后可加纹饰"。钱穆先生在《论语新解》中认为："绘事后素"指"古人绘画，先布五彩，再以粉白线条加以勾勒。"杨伯峻先生在《论语译注》中认为："绘事后素"指"先有白色底子，然后画花"。历代学者以"之后素"还是"后于素"为分歧焦点，对"绘事后素"的理解无非是两种：一是出自《周礼·考工记》的"绘画之事后素功"；一是出自《礼记》中的《礼器》篇："君子曰：甘受和，白受采，忠信之人，可以学礼。"前者即钱穆先生的解读，后者即杨伯峻先生的解读。

"巧笑倩兮，美目盼兮"，唱的是齐侯女庄姜，她嫁到卫国作卫庄公夫人，婚礼上，卫国民众尽情歌唱她无比美丽、俏妙动人。这几句诗歌明白如话，不难懂，子夏是不知道怎么形容自己感受到的美，脱口而出"素以为绚，何谓也"。这新娘的绚丽之美该如何欣赏？一个人美不美，眼睛最重要。《诗·卫风·硕人》通过描写形体姿态表达了新娘的美——"巧笑倩兮，美目盼兮"。美是什么？美是心灵的纯净，就是质朴。所谓清水出芙蓉，天然去雕饰。"素"是什么呢？素是没有染色的丝绸，引申为本色，以及质朴无饰的意思。"绚"的本义就是绚丽、漂亮、有文采的线条或图案。"素以为绚"，就是以素为绚，把质朴本色认为是最美的。在子夏和孔子对话的具体语境中，"素"是指庄姜"巧笑""美目"的天然的姿容，"绚"表达了庄姜天生的"倩盼"之美所给人的光彩照人的感受。

孔子用"绘事后素"回答了子夏的"素以为绚"。什么意思？彩绣、绘画这些事，是在先有白的绢帛后才能做的活儿。"绘事后素"在"素以为绚"的基础上，对"素""绘"作了明确的排序，进一步强调"素"，强调质朴才是最重要的、最美的。我们对孔子"绘事后素"中的"素"可以作更广义的理解，它不单指美女天然的姿容，也指一切事物本来的、纯粹的质地。或者可以说，孔子回答子夏时更偏向的是后一层意思，即"素"是事物的本质。根据孔子"吾道一以贯之"的说法，儒家思想中人的本质就是仁义礼智信这五种天生的德行。《中庸》曰："天命之谓性，率性之谓道，修道之谓教。道也者，不可须臾离也，可离非道也。"天命犹言天赋，即上天赋予。据郑玄说，上天把仁义礼智信五种德行赋予生人，循性（天赋）行之叫作道；把道加以修治推广使人仿效，就叫教。人片刻都不能离开道，如果可以离开的话，就不能算是道了。上述这段话说明，儒家把以"仁义礼智信"的代表——"仁"视为人的本性的规定，正是"仁"使人成为人，"仁"是生命的意义。既然"仁"是人的本质，那么"礼"就是外在的、附加的礼制礼仪规范。二者之间，素质无疑是最根本的要素，没有素质，彩饰便无以复加；没有"仁"，"礼"便失去了依托。子夏不愧是孔子最得意的门生之一，孔子用"绘事后素"的"素"与"绘"暗示了"仁"与"礼"的关系，子夏准确深刻地理解了孔子的思想，回应道："礼后乎"，可见他思维敏捷、悟性极高。

"绘事后素"是"人而不仁，如礼何？人而不仁，如乐何？"（《论语·八佾》）的形象表达和直观呈现，它强调的即是"仁"是"礼"的前提和本质。《礼记·礼器》曰："忠信，礼之本也；义理，礼之文也。无本不立，无文不行。"正因为子夏已经明白了"仁"与"礼"二者何为内在本质、何为外在形式的道理，于是，孔子赞扬子夏启发了自己，并认为可以跟子夏谈论《诗》了，因为《诗》也具有一样的道理：人的纯正的思想感情是诗的本质，而文采修饰是附丽于前者的形式。孔子与子夏师徒的这番对话，从"素以为绚"出发，谈到"绘事后素"，再到"礼事后仁"，最后到"诗事后情"，完美地演绎了"举一反三"的教学原则，它体现出孔子具备高超的教学艺术，也反映了子夏具备高超的学习品质，无怪乎能被列入"孔门十哲"之一。

"朴素而天下莫能与之争美""素以为绚""绘事后素"谈的是同一个美学观念，即质朴的美是永恒的主题。综观中国古代的传世画作，人物画，画眼睛和神态最重要，力求画出人物独特的内心世界；山水作品要求简朴、留白，力求画出"天地有大美而不言"的磅礴大气。我们再看西洋画，同样把画好人物的眼睛作为体现纯净、质朴的美的方式。《圣母》画像中，圣母纯净的眼神望着世人，代表灵魂的得救。《道德经》曰："五色令人目盲、五音令人耳聋、五味令人口爽"，警醒翻滚挣扎在物质世界的泥潭里的世人应当保持一颗纯朴本真的心，过一份朴素简单的生活。

孔子与庄子的隐逸思想

在中国传统文化中"隐"和"仕"是相对的，可以"仕"而"不仕"方为隐，可以"仕"是隐士的资格。并非渔父樵夫引车卖浆之徒皆是隐者。

历史上的隐者大致分为三类：一是遁迹山林荒野，与鸟兽同群，过着与世隔绝生活的隐者；二是过着普通人的生活，关心、了解社会，只是"不仕"的隐者；三是顺时权变的隐者，"隐"是他们顺应环境、保全自己的一种被迫的选择，"隐"是他们为了达其抱负而做准备的修身时机。

道家讲出世，隐逸是道家的当然选择。儒家讲入世，可孔子的隐逸思想在《论语》中多有记载。那么，孔子与庄子的隐逸思想有哪些不同和相同之处呢？

《论语·微子》记录了子路在跟随老师孔子周游列国的路上遇到一个用拐杖挑着农具的老人（荷蓧丈人），老人的谈吐和行为非寻常人可为。后来孔子依据子路的述说推断老人"隐者也"，当师生二人回转去找这位隐者时，老人好像预料到了似的，已经出门了。

《论语·微子》还记录了春秋时期楚国著名隐士接舆唱着歌从孔子的

车旁走过，他唱道："凤凰啊，凤凰啊，你的德运怎么这么衰弱呢？过去的已经无可挽回，未来的还来得及改正。算了吧，算了吧。今天的从政者很危险啊！"接舆用歌声讽刺孔子积极从政，孔子下车，想同他谈谈，他却赶快避开，孔子没能和他交谈。

从孔子对楚狂接舆、荷蓧丈人等的尊重或称赞中可以看出，孔子对隐逸的人存有一种崇敬和向往之情。

孔子心中的理想社会是被他美化了的西周封建宗法统治的社会。《论语·八佾》中有："郁郁乎文哉！吾从周。"在那种社会中，统治者以礼治天下，社会安宁，人民康乐，社会各阶层各就各位，都尽力把自己分内的事情做好。当官的尽当官的职责，老百姓尽老百姓的义务。所以孔子才说"君君、臣臣、父父、子子"（《论语·颜渊》）之说，并一再强调"不在其位，不谋其政。"（《论语·泰伯》《论语·宪问》）

但是，在群雄力争、"陪臣（卿大夫的家臣）执国命"的社会环境下，社会各阶层都不安于现状，"八佾舞于庭""季氏将伐颛臾"这样的事情迭出不穷，许多人不在其位，而谋其政。当时的思想家都认识到社会动乱的根源在于社会各阶层不安于本分而思出其位的"有为"所致。因此，儒、道两家从不同角度提出自己的救世方针。道家极为提倡"无为"，认为如果大家都恪守无为、互不相扰，天下自然就能"无为而治"了。儒家则认识到社会不可能自动地由大乱走向大治，必须采取"有为"手段达到恢复理想的统治秩序的目的，即提倡仁政和恢复周礼。

孔子先前对自己实现政治抱负颇有信心，他说"苟有用我者，期月而已可也，三年则成"。孔子在其五十一岁到五十六岁这段时间中曾一度在鲁国出过仕。公元前501年（鲁定公九年），孔子五十一岁，为中都宰，治理中都一年，卓有政绩，四方则之。公元前500年，孔子五十二岁，由中都宰升为小司空，后升大司寇，摄相国事，这年夏天随鲁定公与齐侯相会于夹谷。孔子事先对齐国邀请鲁君会于夹谷有所警惕和准备，

二　会通

故不仅使齐国劫持定公的阴谋未能得逞，而且逼迫齐国答应归还侵占鲁国的郓地等土地。孔子五十三岁时继续担任鲁国司寇，鲁国大治。孔子五十四岁时，为削弱"三桓"，采取"隳三都"的措施。叔孙氏与季孙氏为削弱家臣的势力，支持孔子这一主张，但此行动受孟孙氏家臣公敛处父的抵制，孟孙氏暗中支持公敛处父，"隳三都"的行动中途而废。后一年（公元前497年），季桓子接受了齐国送来的八十名美女，君臣迷恋歌舞，多日不理朝政，孔子与季氏不和，不久即离开了鲁国。

孔子抛职离鲁，踏上了周游列国的十四年征程。他每到一国，士大夫们不仅在国内排挤、陷害孔子，而且也不让其他国家任用孔子。到齐国，"齐大夫欲害孔子"，使得原来许以季孟之位以待孔子的齐景公也反悔不用他了；到卫国，"卫灵公使公孙余假一出一入"，派兵在孔子住所周围出出进进以胁迫他；自卫适陈经匡地时，遭到匡人的围困而"拘焉五日"；楚国准备聘用孔子而陈蔡大夫害怕楚国用了他之后危及陈蔡，于是"相与发徒役围孔子于野，不得行，绝粮，从者病，莫能兴"，楚昭王准备用孔子而且封给其地，但楚令尹子西则认为此举"非楚之福也"而予以劝止；到宋国，宋司马桓魋怕孔子师徒取代桓氏家族的权势，带领人马去杀孔子，孔子被赶出宋国；到郑国，"累累若丧家之狗"。公元前484年，孔子六十八岁时，两手空空回到鲁国，虽仍有心从政，然不被用，过上了继续教书授徒和整理文献的生活。天下之大已无推行其道之可能了。公元前479年（鲁哀公十六年），孔子七十三岁，四月患病，不愈，谓子贡曰："天下无道久矣，莫能宗予。"七日后孔子去世。

"道"一指政治主张或思想体系，二指好的政治局面或政治措施。提倡仁政与恢复周礼是孔子的"道"。"道"能否行，取决于主张和社会政治环境这两个因素。实现"道"的手段是出仕。孔子求仕，其目的是为了"行道"，如果出仕有碍于行道，那宁可不仕，也绝不同流合污。孔子四十八岁时，鲁国陪臣阳虎权力日隆，欲见孔子，孔子避而不见。后二人在路上相遇，阳虎劝孔子出仕，孔子不表态。因为"陪臣执国命"不符合"礼乐征伐自天子出"的"有道"秩序，故孔子虽渴望出仕，但不肯随随便便地出仕。"笃信好学，守死善道"，孔子对那些不讲操守、一味追求荣华富贵的出仕者十分鄙夷，他说："邦无道，富且贵焉，耻也。"他还说过"士志于道，而耻恶衣恶食者，未足与议也"，赞颜回能够安贫乐道。

孔子半生颠沛流离，"累累若丧家之狗"，其动机是什么？在遇长沮、桀溺二位隐士之后，怅然曰："鸟兽不可与同群，吾非斯人之徒与而谁与？天下有道，丘不与易也。"意即天下如果有道，他就不去改变它了。"不与易"包括两种可能，其一"见"，即"仕"，顺势而为，按部就班，不去改革社会；其二"隐"，即"不仕"，不存在改变社会的心思。这句话流露了孔子心中并不排斥"隐"这种人生的选择，假如他恭逢一个有道的时代的话。

"天下有道，丘不与易也。"反过来又可以这样理解：我之所以力图去改变社会，是因为天下无道的缘故。人活着是来干什么的呢？人应该怎样实现生命的意义呢？这句话反映出孔子的人生观是立足于生命价值之上的社会价值的实现。

但是面对一个无道的社会，孔子的内心其实也是矛盾的。他说过自己"道不行，乘桴浮于海""欲居九夷"，赞扬蘧伯玉和宁武子"邦有道，则仕；邦无道，则可卷而怀之"。（《论语·卫灵公》）

那么，孔子"天下有道则见，无道则隐"的隐逸思想与"天下无道，我才去改变它"的观念和"累累若丧家之狗"的行为表现是矛盾冲突的，孔子终其一生都没有与鸟兽同群、避世隐逸的经历。所以，我们可以认为孔子虽有隐逸思想、隐逸情怀，却无隐逸的实际行动，其"危邦不入，乱邦不居，天下有道则见，无道则隐"的思想中隐含了不与残暴的统治阶级合作与保存自己以待时的权变思想。"隐"是想有所作为而又无能为力的一种无奈的选择。

孔子晚年情绪消沉。《论语·述而》云："甚矣，吾衰也！久矣，吾不复梦见周公！"《论语·子罕》云："凤鸟不至，河不出图，吾已矣夫！"在错误的年代里，再宏大的人生理想和政治愿望都完全有可能化成泡影。孔子的上述这些隐逸情怀因此萌生。

还需要指出的是：孔子对隐士身上的正义之气非常赞赏。《论语·微子》中写道："微子去之，箕子为之奴，比干谏而死。孔子曰：'殷有三仁焉。'"微子是商纣王的同母兄长，见纣王无道，劝他不听，遂离开纣王。箕子是商纣王的叔父，他去劝纣王，见王不听，便披发装疯，被降为奴隶。比干是商纣王的叔父，屡次强谏，激怒了纣王而被杀。孔子称赞这三个人都是仁者。

商朝末年的孤竹君二子伯夷、叔齐是古代著名的隐士，孔子说"伯夷、叔齐饿于首阳之下，民到于今称之"（《论语·季氏》），表明孔子的态度是不反对他们宁愿饿死也不食周粟的，甚至还有褒扬这种隐士情怀之意。

孔子赞扬伯夷、叔齐不苟且为官的壮举；庄子则曰"若伯夷叔齐者，其于富贵也，苟可得已，则必不赖。高节戾行，独乐其志，不事于世，此二士之节也"（《庄子·让王》），也盛赞彼兄弟二人不污其身苟取富贵，而是避之以洁其行的正义。在儒道两家大师的心目中，正气都是隐逸不可或缺的要素。

《逍遥游》中庄子将狸狌和犛牛、樗树进行比较，曰："子独不见狸狌乎？卑身而伏，以候敖者。东西跳梁，不辟高下，中于机辟，死于罔罟。"野猫和黄鼠狼身手灵活，低着身子匍匐于地，等待那些出洞觅食或游乐的小动物，东西跃跳掠夺，不避高低，多么像积极入世、力图有为的从政者啊。可是，野猫黄鼠狼一番扑腾跃动，结果却往往踏中捕兽的机关，死于猎网之中，多么像为官者的下场啊。犛牛、樗树大而无用，因其无用所以不会受到斧斤的砍伐，没有伤害它们的东西；因为它们什么用都没有，所以哪里有什么困苦呢？世俗之人都认为有用的东西比无用的东西更有价值。世人所谓的"有用"是指事物的外在价值，可以用来做某事，比如捉老鼠、做家具等；而世俗人眼中的"无用"的东西，恰因为它对人没有实用价值，方能保全其自身生命和精神的完整独立，这"无用"也便成了"大用"，这便是庄子推崇"无用之用"的原因。隐者使自己成为对世人、社会无用的人，藏起自己的才能，熄灭心中有所作为的渴望，一方面以冷漠来避免性命受到伤害，另一方面以绝对的精神自由来追求生命的内在精神价值。

无论天下有道还是无道，《庄子》中的隐士都是拒绝出仕的，哪怕把天下让给他。

我们可以这么说，生存、正义是孔子和庄子隐逸思想的共同因素。外在的社会价值是孔子隐逸思想的价值取向，内在的精神价值是庄子隐逸思想的价值取向。二位大师的隐逸思想在相反、相异之中又有不少会通融合之处。

三 流变

非儒非道、亦儒亦道的司马迁

司马迁，字子长，生于西汉景帝中元五年（公元前145年）。《史记·太史公自序》曰："迁生龙门，耕牧河山之阳。年十岁则诵古文。二十而南游江、淮，上会稽，探禹穴，窥九疑，浮于沅、湘。北涉汶、泗，讲业齐、鲁之都，观孔子之遗风，乡射邹、峄，厄困鄱、薛、彭城，过梁、楚以归"。这是司马迁出仕前游历的记载，从中可以看出他通过讲学和实地考察的方式促进自己儒学水平的提高。

司马谈是司马迁的父亲，死前握着司马迁的手哭着说："余先周室之太史也。"自陈其家族先祖是周朝的史官（老子也是周朝的史官），并留下遗命，希望儿子为太史令，"则续吾祖矣"，"为太史，无忘吾所欲论著矣"，"余为太史而弗论载，废天下之史文，余甚惧焉，汝其念哉"。司马迁接受了父亲的嘱托："小子不敏，请悉论先人所次旧闻，弗敢阙。"他的意思是：我虽然很笨（这是自谦），您编辑的那些过去的记载，我会完整地整理好，不敢有所遗漏。司马迁答应完成父亲的遗愿，为此奋斗了一生。

司马谈死后三年，司马迁子承父业，担任了太史令。

太史公曰："先人有言：'自周公卒五百岁而有孔子。孔子卒后至于今五百岁，有能绍明世，正《易传》，继《春秋》，本《诗》《书》《礼》《乐》之际？'意在斯乎！意在斯乎！小子何敢让焉！"

孟子提出"五百年必有王者兴"的观点。真正的王者必须整理文化。从周公到孔子是第一期，孔子以后的五百年，中间经过汉朝统一，到汉武帝时也将近五百年了。所谓"绍明世"就是能继往开来，对得起伟大的时代，使时代在历史的长河中发出耀眼的光芒来。孔子整理前代的典籍，旨在把六经用到他所处的时代去，虽然最终没有成功，但是他的心思就在这里啊！"小子何敢让焉"是谦虚的说法，实际上表示自己当仁不让，要负起这个责任来。南怀瑾先生把孟子这一观点进一步理解为：每五百年是中国文化命运的关键期，每过五百年中国文化都会经历一个大变化。司马迁以高度的使命感，主动地挑起这个担子，把父亲的志向转变为自己的志向，体现了中国士大夫的文化自觉。

司马谈好黄老之术，对黄老学说有精深的研究。他的《论六家要旨》言简意赅，精辟地论述了阴阳、儒、墨、名、法、道六家的核心思想，对道家推崇备至，而对其他五家褒贬参半，企图以道家包融诸子："道家无为，又曰无不为。""其为术也，因阴阳之大顺，采儒墨之善，撮名法之要，与时迁移，应物变化，立俗施事，无所不宜，指约而易操，事少而功多。"其意是：黄老之术是顺着阴阳的大势而为的。"因"就是顺着，这是道家最高的方法，根据时势而动。司马谈主张同时还要吸收儒家、墨家好的地方，儒家对政治有帮助，但要避免烦琐，墨家的简朴是好的，但不能苛刻；还要提取法家和道家"名"和"法"思想的精华。统治者根据时代的变化而变化，根据当时当地的风俗而采取措施，法令、规定少而容易实行，这样就能没有什么事情不适宜，统治者操心少而功效好。这显然不是消极无为、放任倒退的老庄思想，而是顺应自然、积极建功的黄老思想。

西汉儒宗董仲舒是"独尊儒术"的倡导者，他的春秋公羊学全面融合阴阳家思想，集儒家宗法思想与阴阳五行说之大成，形成了以天人感应为中心的封建神学体系，这是汉代儒家思想的新特点。司马迁既是司马谈的儿子，又是大儒孔安国、董仲舒的弟子，自幼深受儒道两家思想的熏陶，是《史记》具有儒道结合互补的思想特色的重要原因。

司马迁儒学渊源颇为深厚。他崇尚六经，讲"学者至今则之"，《史记》八书，即《礼书》第一、《乐书》第二、《律书》第三、《历书》第四、《天官书》第五、《封禅书》第六、《河渠书》第七、《平准书》第八，将礼乐冠其首；他敬仰孔子，尊其为至圣，先秦诸子独将仲尼入世家，而将道家代表人物老子入列传，将庄子写入《老子韩非列传》中，且只记载了区区百字左右；他独为孔门弟子作《仲尼弟子列传》，老庄的弟子们全没有这样的待遇。由此可见，在《史记》的思想体系中，儒家思想的地位高于道家思想，司马迁儒道结合的思想是以儒家思想为基础、为底色，以道家思想的精华为补充的。

儒道思想存在诸多对立性，但往往可以相辅相成，互斥互补。儒家注重整齐的群体意识，以主观意志规范客观现实，具有积极进取的阳刚精神；道家注重保持个体人格，以主观意志顺应客观现实规律，具有抱朴守雌的阴柔特征。

首先，在政治思想方面，《史记》以十二本纪为纲，统理上下三千年，集中体现了维护统一的宗旨。司马迁支持儒家的国家大一统理论，反对道家"小国寡民"的理念，维护国家的统一，反对分裂自治。《史记·货殖列传》云："老子曰：'至治之极，邻国相望，鸡狗之声相闻，民各甘其食，美其服，安其俗，乐其业，至老死不相往来。'必用此为务，挽近世涂民耳目，则几无行矣。""小国寡民"是《道德经》所谓的最清明的政治顶峰，但是司马迁认为如果按照这种方式去生活，那么对于近世来说，无疑等于堵塞了人民的耳目，实际上是行不通的。因为他看到了社会的发展变化，夏商周以来的情况是人们总是要使自己的耳目尽情地得到音乐和女色的享受，使口中尽多地品尝牲畜、肉类的美味，使身躯尽量安处于舒适而快乐的环境，而精神上还要炫耀自己的权势与才能，这种风俗浸染百姓的思想已经很久了，即使用老子那样微妙的言辞逐家逐户地去劝说他们，终究也不能使他们的精神淳化。所以"故善者因之，其次利道之，其次教诲之，其次整齐之，最下者与之争。"统治者最高明的办法是听其自然，其次是用利益诱导他们，再其次是教育他们，又其次是（用典章制度来）束缚他们，最愚蠢的办法是与百姓争利。

司马迁反对道家"小国寡民"的宗旨，在政治方略上却推崇"无为而无不为"的黄老之道。

《管晏列传》中赞扬管仲治国"下令如流水之原，令顺民心""论卑而易行。俗之所欲，因而予之；俗之所否，因而去之。其为政也，善因祸而为福，转败而为功"。《汲郑列传》中记载了汉武帝时名臣汲黯曾任东海太守，"黯学黄老之言，治官理民，好清静，择丞史而任之。其治，责大指而已，不苛小。岁余，东海大治。称之。上闻，召以为主爵都尉，列于九卿。治务在无为而已，弘大体，不拘文法"。后又任淮阳太守，"黯居郡如故治，淮阳政清"。司马迁对与他同时代的政治人物大抵持批评、不满的态度。汉武帝在位时实行酷吏统治，重用公孙弘、张汤等酷吏，刀笔吏们深究文法，无中生有、小罪化大，百姓痛苦不堪，太史公深不以为然。他赞赏的是汉文帝、汉景帝的统治方法，在经历了东周战国、秦朝末年农民起义、楚汉相争等数百年的战乱之后，上清静简朴，下与民休息，使社会生产力得到恢复和发展。《汲郑列传》对汲黯治理东海和淮阳的充分肯定，表明了太史公对当朝主流政治的态度。

司马迁支持儒家的大一统理论，但不赞成儒家"以礼治国"的方略。

《鲁周公世家》比较齐鲁之治：齐太公因俗简礼，五月报政；伯禽变俗革礼，三年报政。周公闻报而兴叹："呜呼！鲁后世其北面事齐矣！夫政不简不易，民不有近；平易近民，民必归之。"《齐太公世家》云："太公至国，修政，因其俗，简其礼，通商工之业，便鱼盐之利，而人民多归齐，齐为大国。"制礼作乐的周公居然也赞赏简易之治，而齐盛鲁衰也恰如周公的预言。齐国的迅速强盛在于为政平易，鲁国的逐渐衰弱则在于繁文缛礼，这在齐、鲁世家中已得到充分的验证。《史记》用史实证明，用儒家的繁文缛礼治国，只能越治越衰弱。

由上可见，司马迁的政治思想呈现出亦儒亦道、非儒非道的特点。他反对老子的"小国寡民"，认为它已与时代脱节，没有现实可行性；另一方面又推崇黄老以虚无为本、以因循为用的治国理民之术。他秉持儒家大一统思想，却又认为儒家治国思想过于烦琐，应当摒弃儒家的繁文缛礼，政府统治离不开道家合乎规律而自然的思想。

其次，在对待人民方面，孔子曰："道之以政，齐之以刑，民免而无耻。道之以德，齐之以礼，有耻且格。"孟子曰："民为贵，社稷次之，君为轻。"儒家坚持以民为本的思想，道家反对厚赋重刑，这一点上儒道两家倒颇为一致。

《孝文本纪》着意刻画的孝文帝是一个理想的有德之君。他废除种种苛法，力求宽缓，以德化民，以不德为惧，以淳朴为先，以烦民为忌，结果是"海内殷富，兴于礼义"。汉文帝作为一名政治家，不仅是"无为无不为"的黄老思想的化身，而且具有浓厚的民本思想色彩，儒道两家理想的君主形象在其身上得到完美的统一。司马迁以儒家的民本思想弥补道家的愚民思想，又融合了两家的尚德精神，以批判当时的酷吏政治。

再次，在处世哲学方面，儒、道两家思想有不少共性。黄老思想清虚自守、卑弱自持，班固以为"合于尧之克让，《易》之谦谦"，《周易·谦卦》有"谦谦君子""君子有终"，子曰"劳而不伐，有功而不德"的话语。《尚书·大禹谟》所谓"满招损、谦受益"，也是此意。可见儒家与道家本有共性。

《史记》本纪、表、书、世家、列传五种体裁之开宗明义俱为"嘉让",《五帝本纪》表彰尧舜禅让,《三代世表》表彰尧知契、后稷的子孙将王天下而命名其姓氏、广赐其封地的德泽,《礼书》表彰礼让,《吴太伯世家》表彰太伯、仲雍及季札让位,《伯夷列传》表彰伯夷、叔齐让国,"嘉让"奠定了全书的基调。太史公表彰谦让,意在与后世的争夺形成鲜明的对比。

谦虚退让与自矜功伐,是司马迁评价历史人物的重要标准。

《史记·项羽本纪》中,太史公曰:"及羽背关怀楚,放逐义帝而自立,怨王侯叛己,难矣。自矜功伐,奋其私智而不师古。谓霸王之业,欲以力征营天下。五年卒亡其国,身死东城,尚不觉寤而不自责,过矣。"太史公虽喜爱项羽,将这位帝位竞争的失败者列入本纪,但最后的评论却指向批评项羽"自矜功伐"。

西汉开国功臣曹参、张良、陈平等人谨慎守职、明哲保身、善始善终,与他们同有攻城野战之功的列侯,如韩信等皆身灭,而此三人独擅其名、天下俱称其美,他们的处世哲学得到司马迁的充分肯定。

司马迁评价历史人物的另一条重要标准是:有无气节和风骨。

老子无为而无不为,对立转化,以退为进,委曲求全;庄周知其不可为而不为,愤世嫉俗,超世脱俗,力图回避矛盾;先秦儒家知其不可而为之,士以仁为己任,充满浩然之气;后世儒家知其可为而为之,势利虚伪。《史记》对前三者多有褒扬,对后者多有贬抑。汲黯是汉武帝时期少有的持不同政见者,他为人正直少礼,经常面折廷争、犯颜直谏。他公开揭露汉儒公孙弘、酷吏张汤等权势人物的虚伪奸诈和残忍。汲黯曰:"弘位在三公,奉禄甚多,然为布被,此诈也。"

《平津侯主父列传》刻画了凭借精通《春秋》从白衣位列三公的公孙弘的面目:"弘为人意忌,外宽内深。诸尝与弘有郤者,虽详与善,阴报其祸。杀主父偃，徙董仲舒于胶西，皆弘之力也。"

司马迁将汲黯和公孙弘作为人臣对君主的态度进行了对比。汲黯面责"独尊儒术"的汉武帝"内多欲而外施仁义"，切中肯綮，淋漓尽致。公孙弘"每朝会议，开陈其端，令人主自择，不肯面折廷争。于是天子察其言行敦厚，辩论有余，习文法吏事，而又缘饰以儒术，上大悦之"，"弘奏事，有不可，不庭辩之。尝与主爵都尉汲黯请间，汲黯先发之，弘推其後，天子常说，所言皆听，以此日益亲贵"。道家人物汲黯敢于进谏，尽到了臣子的职责，倒有早期儒家人物的刚勇之气；而当时的儒家人物公孙弘却不肯正为天下言，专阿圣意，一路高升，二人气节之高下立判。

综上所述，司马迁思想体系的归属问题确实具有一定的二元复杂性，本文实属管中窥豹。在其哲学本体论思想、社会经济思想，乃至其生死观等诸多方面，司马迁亦均能撮儒道之要，以儒家之长补道家之短，以道家之长补儒家之短，使二者互补融合，非儒非道又亦儒亦道。太史公思想体系的形成固然离不开汉朝初年各家思想融合的历史大背景，也受到了其师承和家学的深刻影响，是这三者融合的必然结果。

董仲舒的新儒学

　　董仲舒（公元前179年—公元前104年）是广川（今河北景县）人，西汉哲学家和政治家，曾任博士、江都相及胶西王相。汉武帝元光元年（公元前134年），即崇尚黄老、菲薄《五经》的太皇太后窦氏死后一年，汉武帝着手推行儒术，他所做的第一件大事是把各地推举出来的贤良——通古今治国之道的儒家学者召集到京城。汉武帝朝举贤良文学之士，开展了隆重的策问。董仲舒是接受这场策问的贤良之一。他是一位注疏研究《春秋公羊传》的学者，将儒家思想与阴阳五行学结合起来，形成了独具特色的董氏理论。

　　汉武帝连续对董仲舒进行了三次策问。第一次策问，汉武帝问的主要是巩固统治的根本道理；第二次策问主要问的是治理国家的具体方法；第三次策问主要问的是天人感应的问题。董仲舒向汉武帝进"天人三策"，建议"诸不在六艺（礼、乐、射、御、书、数）之科、孔子之术者，皆绝其道，勿使并进"，为汉武帝所采纳，形成了"罢黜百家，独尊儒术"的政治格局，为此后两千余年间封建统治者所沿袭。

董仲舒年轻时就潜心读书，三年不窥园，最后终于完成了《春秋繁露》这本巨著。《汉书·董仲舒传》讲他"下帷讲诵"，自己在帷中授课，帷外的门生"传以久次（按入门学习时间长短的顺序）相授业"，一个对一个口传，以至于有的门生始终未得见他一面。董仲舒的讲授很精彩，于是前来跟从他学习的人越来越多，他的言行、仪容、举止都符合"礼"，大家都尊他为师。董仲舒弟子通经学者达百数，后来有的做诸侯国相，有的做长史，都很出色，其中较为有名的吕步舒担任长史、褚大为担任梁相、嬴公为谏大夫。

董仲舒新儒学的立论基础是他对天人关系的看法，他的"天人感应"理论是糅合了儒家、阴阳家、道家的思想而产生的。

董仲舒说他在仔细研读《春秋》时，从前代人的事迹中发现了天人关系，感到"甚可畏也"。我们可以想象一下，当十六七岁的刘彻听到这句"甚可畏也"时，想必心中会颤抖一下，并且燃起了强烈的求知欲。"国家将有失道之败，而天乃先出灾害以谴告之；不知自省，又出怪异以警惧之；尚不知变，而伤败乃至。以此见天心之仁爱，人君而欲止其乱也，自非大亡道之世者，天尽欲扶持而全安之。"（董仲舒《举贤良对策》）天关怀人君，如果有失道之处，便以灾害来谴告，以怪异来警惧，以促其改正。如果不是非常无道的世代，天总是想办法扶持和保全他；还不知道悔改，天才会让他败亡。所以人君要努力地增长学问和道德，夙夜匪解啊！如果人君积德行善，天下人如归顺自己的父母一般，同心归之，天感应到了他的诚意，那么天就会降下祥瑞，以示鼓励。如《尚书》上说的，白鱼跳入王坐的船里，有火覆盖在王屋山上，又忽然流动，变成了红羽毛乌鸦，这些就是祥瑞。由此可见，在天人关系的考查当中，董仲舒认为天有极大的权力和威力，时时观察君主的行为，天能感应到君主是失道的，还是行道的，并分别通过灾异和祥瑞来让人感应到天的态度。董仲舒知道无限的君权是危险的，必须要有所约束，这是其思想的优点；他抬出天来对君权加以控制，天的控制权是无法证明或证伪的，与其说它是有实际功效的控制权，不如说它和下面谈到的"阴阳"一样，只是哲学概念而已。是否敬天畏天取决于人本身，如果君主敬天畏天，真把天当一回事，那么天对君权就能发挥作用；反之，君主不怎么把天当回事，需要时利用一下，妨碍时一脚踢开，那么天的控制权对君主而言实际上是有一个容许的限度的，这是其思想的缺点。不管怎么说，董仲舒已经远远走在同时代人的前面了；作为极盛时期的汉朝的一名臣子，他用自己的思想极力维护封建君主制，也无可厚非。

董仲舒有一篇谈灾异的文章，一直藏在家中，主父偃嫉妒董仲舒，就偷了这篇文章，呈给汉武帝。汉武帝读完大怒，交给儒者们评议此文，却没有说文章的作者是何许人。董仲舒最得意的弟子之一吕步舒不知此文是老师所写，乃曰"大愚"。于是汉武帝就把董仲舒下了诏狱，还差点判了死罪。后来念其有功于朝廷，才饶他不死。自此以后，董仲舒就再也不敢言及灾异了。这件事情可以作为一个佐证，它证明君主上对天的无上权威，实际上确是有容许的限度的。

在天人关系上，董仲舒除了认为天人之间可以互相感应之外，还以为天与人"以类合""以数偶"，即具有相副、合一的关系。

按照董仲舒在《春秋繁露·天地阴阳》篇的看法，宇宙是由十种成分组成的，这十种成分是：天、地、阴、阳、木、火、土、金、水和人。他说："天地之间，有阴阳之气，常渐人者，若水常渐鱼也。所以异于水者，可见与不可见耳，其澹澹也。"他所定的五行的顺序和《书经洪范》中的顺序不同，他以木为第一，火为第二，土为第三，金为第四，水为第五，五行"比（邻）相生而间相胜"。董仲舒和阴阳家一样，认为木、火、金、水各主一个季节，且各主东南西北之中的一方。木主东方和春季，火主南方和夏季，金主西方和秋季，水主北方和冬季。土居中，助木、火、金、水。四季更替以阴阳运行来解释：阳气初升时，它到东方扶木，从而春天到来；阳气全盛时，它居南方，夏季到来；阳气盛极而衰，此时阴气上升，它又到东方扶金而秋至；当阴气极盛时，它移到北方扶水而冬至。此时阴气盛极而衰，阳气上升，开始又一年的四季运行。

天地既由阴阳二气而成，人在身心两方面都是天的复制品。人心自然也有两种因素，这就是"性"和"情"。"性者，质也。"董仲舒说性就是指人的本性。人顺其本性能有仁德，顺其情而有贪欲。"性"相当于天的"阳"，"情"相当于天的"阴"。

人之身亦如天，其数可与天相参，所以人的命运与天相连。据《春秋繁露·人副天数》所言，成人有三百六十六块小骨节，副天一年的日数；人有十二块大骨节，副天一年有十二个月；人有时醒着有时睡着，副天有白昼有黑夜；人有刚有柔，副天有冬有夏；人有哀有乐，如天有阴有阳；人有耳聪目明，副天有日月；人身体内有五脏，副天有五行；人有四肢，副天有一年四季；人有孔窍血管脉络，副天有山川河谷；人的心有打算思虑，副天有度数；人际之间有伦理纲常（即董氏所称的"三纲五常"），副天地间有高低、贵贱、尊卑。

天地既由阴阳二气而成，治国之道便要符合阴阳运行的规律。《贤良对策一》曰："天道之大者在阴阳，阳为德，阴为刑，刑主杀而德主生，是故阳常居大夏而以生育养长为事，阴常居大冬而积于空虚不用之处，以此见天之任德不任刑也。"任，就是主张。所以在政治哲学方面，董仲舒认为："王者承天意以从事，故任德教而不任刑，刑者不可任以治世，犹阴之不可任以成岁也。为政而任刑，不顺于天，故先王莫肯为也。"董仲舒认为阳作为德，主管万物的生育养长；阴作为刑，主管肃杀、摧残万物。他认为天是主张用阳不主张用阴的。这就是"天意"，天是主张用阳不主张用阴的。君主顺应天意治理国家，应该用德教而不主张用刑罚。然后，他还引用了圣人的话来从反面强调德教的必要性，"不教而诛谓之虐"，即百姓没有被教导过就因有罪而被判死刑，这就属于暴政。《汉书·董仲舒传》中载："立学校之官，州郡举茂才（秀才）孝廉，皆自仲舒发（倡议）之。"他向汉武帝提出"明教化""正法度"、行"德主刑辅"的仁政，汉武帝采纳了不少，这些倡议对后世产生了深远的影响。

董仲舒所提倡的"罢黜百家，独尊儒术"的新儒学也不单纯以尊儒为目的，它更主要的目的在于支持政治，树立国家唯一的统一思想，用思想上的统一为政治上的大一统服务。李斯和秦始皇也意识到大一统的重要性，但是他们采取"焚书坑儒"的做法，迅速招致了败亡，给文化和政权都带来了巨大损害。董仲舒比他们不知高明多少倍。若撇开董仲舒和汉武帝的政治目的，重视教化、广设学校、弘扬并散布儒家道德礼乐，这样的思想和行为也称得上对中华民族作做了不可磨灭的贡献。

谶纬之学

西汉后期，汉献帝元年初，长安有童谣曰："千里草，何青青。十日卜，不得生。"这首童谣是讲汉献帝权臣董卓的。"千里草"是董字的隐语，"十日卜"是"卓"的隐语，这两个字是自下而上地解字。这首童谣预言董卓自下而上，以臣凌君，暴盛当权，终迅速败亡，实际上暗示了董卓暴迹和灭亡的过程、结局。它不仅被正史《后汉书·五行志》记载，也出现在著名长篇小说《三国演义》中。这首童谣可以称得上是流传最广泛的谶言之一。

谶纬之学流行于中国两汉时期，是官方的儒家神学。"谶"，即一种神秘的预言，假托神仙圣人预决吉凶，又分为符谶、图谶等；"纬"是相对于"经"而言的，以迷信方术、预言附会儒家经典。谶纬之学就是对未来的一种政治预言。

最古老的谶书是《河图》《洛书》。纬书的内容萌芽于伏生的《尚书大传》和继起的董仲舒的《春秋阴阳》，但到汉武帝以后才出现托名于经书的纬书，当时《易》《书》《诗》《礼》《乐》《春秋》六经和《孝经》都有纬书，总称为《七经纬》，又与《论语谶》《河图》《洛书》等合称为"谶纬"。

谶纬之学以阴阳五行学说和董仲舒"天人感应论"为依据，适应了当时封建统治者的需要，故流行一时，在东汉被称为"内学"，尊为"秘经"。谶纬之学总的思想属于阴阳五行体系，其中虽包含一部分有用的天文、历法、地理知识和古史传说，但绝大部分内容荒诞不经，可以穿凿附会地作几种不同的解释，并可任意证实其中一种是"正确"的，为改朝易代制造根据。王莽、汉光武帝都利用图谶称帝，取得政权以后，发诏颁命、施政用人也引用谶纬之学。

西汉末年，王莽代天子朝政，称假皇帝，有个名叫哀章的人，献上金匮策书到汉高祖庙，书上言王莽为真命天子。次日王莽入高祖庙拜受，即天子位，国号"新"，成为真皇帝。据《汉书·王莽传》记载，云"黄天上帝隆显大佑，成命统序，符契图文，金匮策书，神明诏告，属予以天下兆民。赤帝汉氏高皇帝之灵，承天命，传国金策之书，予甚祗畏，敢不钦受！以戊辰直定，御王冠，即真天子位，定有天下之号曰新。"王莽开创了中国历史上通过符命禅让而为皇帝的先河。

刘秀得天下的事情与谶纬也多有关涉。

《资治通鉴》（卷三十八）云："（刘）钦娶湖阳樊重女，生三男：縯、仲、秀，兄弟早孤，养于叔父良。縯性刚毅，慷慨有大节，自莽篡汉，常愤愤，怀复社稷之虑，不事家人居业，倾身破产，交结天下雄俊。秀隆准日角，性勤稼穑。縯常非笑之，比于高祖伯仲。秀姊元为新野邓晨妻，秀尝与晨俱过穰人蔡少公，少公颇学图谶，言'刘秀当为天子'。或曰：'是国师公刘秀乎？'秀戏曰：'何用知非仆邪？'坐者皆大笑，晨心独喜。"上文提到的"国师公"是指古文经学大师刘歆，他为了避哀帝刘欣的讳而改名为刘秀，王莽建立新朝后，很受重用，是官方意识形态的总设计师。按《资治通鉴》的说法，"刘秀当为天子"的谶语是由蔡少公推算出来的；还有其他看法，比如有人认为这条谶言出现的年代很早，刘秀出生前后它就出现了，当然还有人认为这条谶言是事后刘秀编的。总而言之，刘秀年轻时在老家南阳"性勤稼穑"，干农活很勤快，大哥刘縯经常嘲笑他没本事，根本没有夺天下的野心。这条"刘秀当为天子"的谶语是否激励了勤劳憨厚的平民刘秀呢？也不能排除这种可能性。

据《后汉书·光武帝纪》记载，建武元年，儒生强华（此人是刘秀在太学求学时的同舍）自关中来到洛阳，献给刘秀一本谶书——《河图赤伏符》（简称《赤伏符》）。《赤伏符》是一本神秘的预言书，在当时流传得十分广泛。在强华版的《赤伏符》里有这样的谶语"刘秀发兵捕不道，四夷云集龙斗野，四七之际火为主"，表示刘秀继承了西汉的火德，是真命天子。刘秀得到这本书后，立刻示其左右，左右群臣坚定了跟随刘秀打天下的决心。《资治通鉴》记载道："众臣多奏请，刘秀称帝。"

汉光武帝中元元年（公元56年）又正式"宣布图谶于天下"，将谶纬之学定为儒生的必读，作为其维护封建统治的工具。"言五经者，皆凭谶纬说"，儒生为了利禄，都兼习谶纬。谶纬迷信被尊称为"内学"，而原来的经书反被称为"外学"。后来光武帝又诏令东平王刘苍正五经章句，皆命从谶，俗儒趋时，益为其学。但也有孔安国、王璜、贾逵等非之。又如尹敏习《毛诗》《左传》，博通经记，光武帝命令他校正图谶，尹敏回答说："谶书非圣人所作，其中多近鄙别字，颇类世俗之辞，恐疑误后生。"光武帝听后颇为不悦，尹敏的仕途也因此停滞了一些年，由此可见权威人士对谶纬的热衷给儒士们带来了巨大的压力。庸俗的儒生们纷纷以治经为名，研习谶纬之学投官方所好来为自己博取功名。

从另一方面看，谶纬具有用灾异谴告来限制王权的功能。如《白虎通义·灾变》云："天所以有灾变何？所以谴告人君，觉悟其行，欲令悔过修德，深思虑也。《援神契》曰：'行有点缺，气逆干天，情感变出，以戒人也。'"东汉之际，黄河决堤泛滥，蝗灾、旱灾等灾异发生频繁，谶纬学者把这些解释为上天对人君失德的警告或谴责，以令其悔过修德、深思自身行为上的缺点。仅从这方面看，谶纬具有一定的限制王权的积极功效。

但是，在刘秀取得天下的整个过程中，谶纬清楚地说明了东汉政权的合法性，故备受统治者青睐。统治者对谶纬的功能有着清醒的认识，所以后来谶纬更多地被视为论证儒家三纲五常的论据，而它所具有的限制王权的积极功效倒被忽略了。

综上，在两汉时期，谶纬对社会的影响是全方位的，最有典型意义的是两个方面：一是政治上被一些人用来制造夺取政权或巩固统治的舆论，以论证君权天赋神授的天然合理性；二是学术上被儒生经师所大量征引于自己的著述，以进一步抬高儒家经典的地位，给当时的统治思想添加神秘和神圣的光环。

东汉中后期，社会上出现了一股强大的针对谶纬荒谬性的批判思潮。桓谭、尹敏、郑兴、张衡、王充等学者坚决反对谶纬之学，主张儒学从阴阳五行神学的迷梦中走出来，《后汉书·张衡传》云："宜收藏图谶，一禁绝之，则朱紫无所眩，典籍无瑕玷矣。"可以看出张衡认为谶纬之书并非圣人所创，内容极其荒谬，并且否认谶纬是学术的一种。

至刘宋大明中期，开始禁绝图谶。梁朝天监年以后，又加重了禁绝制度。隋炀帝向四方派出使者，搜天下书籍，与谶纬相涉者皆焚之，被吏所检举的人治死，自是无复有其学，谶纬之学从此退出历史的主流学说之列。到了唐朝，只剩下《书》《易》《礼》《乐》《春秋》《论语》《孝经》七纬，《诗》二纬，共九纬书而已。至北宋，欧阳修作《论删去九经正义中谶纬札子》，魏了翁的《九经要义》删去了谶纬学说之后，谶纬之学日趋消亡，只在民间信仰中有所流传。

今、古文经学之争

　　秦始皇三十四年，咸阳宫的一次酒宴上，儒士们引用儒学经典，借用古代圣贤的言论对郡县制和分封制孰优孰劣进行了争论。一贯主张全面郡县制的丞相李斯对儒学加以反驳，大力强调薄古厚今，进而提出了焚书的建议。据《史记·李斯列传》中记载："臣请史官非秦记皆烧之，非博士官所职，天下敢有藏《诗》、《书》、百家语者，悉谐守尉杂烧之。有敢偶语《诗》《书》者弃市，以古非今者族，吏见知不举者，与同罪。令下三十日不烧，黥为城旦，所不去者，医药卜筮种树之书。若欲有学法令，以吏为师。"焚书的范围是六国史官写的史书、私人收藏的《诗经》《尚书》和诸子百家之书，严禁私藏禁书，严禁私下谈论时政"以古非今"；可以保留下来的书是秦国史官写的书，博士（政府任命的学官或教官的名称）管理的文献，有实用价值的医药、卜筮、种树这类书籍。李斯的建议得到了秦始皇的采纳，秦始皇颁布法令，予以施行。秦始皇想用暴力的手段控制舆论，进而便于国家统一思想、执行法治，但是客观上对中国历史文化造成了巨大的损失。

《史记·儒林列传》曰："及至秦之季世，焚诗书，坑术士，六艺从此缺焉。"儒学经典在秦朝被焚烧为后来汉朝时出现古、今文经学之争埋下了伏笔。

"今"指汉朝。今文经学指汉初由老儒背诵、口耳相传的经文与解释，由其弟子用当时的隶书（今文）记录下来的经典；古文经学是用秦始皇统一中国以前的儒家经书，用籀文（古文）记录下来的经典。一般认为，两汉的古、今文经学之争一共发生过四次。第一次发生在西汉后期，后三次发生在东汉。

至于古、今文经学之争的性质，钱穆先生在《国学概论》中云："推言其本，则五经皆古文，由转写而为今文，其未经转写者，仍为古文。其时博士经生之争今古文，其实则争利禄，争立学官与博士弟子，非真学术之争也。按斯言甚是。"钱穆先生认为古、今文经学是围绕增立博士的利禄之争，或以为是统治阶级内部的权力之争，或以为是学术宗派之争。这种说法很有道理。

西汉后期的今、古文经学之争发生在汉哀帝建平元年（公元前6年），是由刘歆提出为《春秋左氏传》《毛诗》《逸礼》《古文尚书》等四种古文经立博士引起的。刘歆的父亲刘向是今文经学大师，刘歆本来从其父学习《诗》《书》《易》和《春秋穀梁传》，在经学上很有造诣。在和父亲一起勘校中秘藏书的过程中，他发现了用先秦古文抄写的《春秋左氏传》，特别喜爱。

"及鲁恭王坏孔子宅，欲以为宫，而得古文于坏壁之中，《逸礼》有三十九，《书》十六篇。天汉之后，孔安国献之。遭巫蛊仓卒之难，未及施行。及《春秋左氏》丘明所修，皆古文旧书，多者二十余通，藏于秘府，伏而未发。孝成皇帝愍学残文缺，稍离其真，乃陈发秘藏，校理旧文，得此三事，以考学官所传经，或脱简，或脱编。博问人间，则有鲁国柏公、赵国贯公、胶东庸生之遗学与此同，抑而未施。此乃有识者之所叹瘝，士君子之所嗟痛也。"（刘歆《移书让太常博士》）这就是说，在刘歆看来，只有"古文经"才是真经、全经；而"古文经"有三个来源：一是鲁恭王在孔宅坏壁中的发现；二是宫廷秘府藏书的公开；三是民间经师的传习。这三者比较起来，当然是从坏壁中和秘府中得到的经典更加可靠。因此刘歆竭力主张将"古文经"《左氏春秋》《毛诗》《逸礼》及《古文尚书》立为博士。其重点又在《左氏春秋》。因为刘歆认为，与通过口说流传下来而倍受尊崇的《公羊春秋》相比，《左氏春秋》是由左丘明执笔记录下来的、孔子与左丘明一起研究鲁国历史的成果，因此它最能代表孔子的思想。

刘歆还重新排列了六艺的次序，把《易》经提到首要的地位。自孔子以来，六艺次序总是以《诗》《书》为先，然后一般是《礼》《乐》《易》《春秋》。刘歆认为，"六艺之文……《易》为之原"。他对《易》颇有研究，认为《易》经由上古伏羲、中古文王、下古孔子三位圣人完成，故曰"《易》道深矣，人更三圣，世历三古"，因此六艺之首当推《易》经。同时，他还协助刘向将内朝秘藏中发现的《古文易经》校对而成当时通行的《易经》各种隶书本，把费氏《易》定为古文经典。

汉景帝时，鲁恭王为扩建王宫拆除孔子旧宅，从孔宅壁中发现了《古文尚书》与《逸礼》，后由孔安国献给朝廷，藏于秘府。许多年过去了，到汉成帝在位时，刘向、刘歆父子受诏领校内秘府藏书，有机会接触皇家的各种稀见之书，从中发现了它们。刘歆在《移让太常博士书》中，首次披露孔壁古书的事实，使朝野士人都知道还有《古文尚书》与《逸礼》的存在，使秘藏的古文经本传出内朝，更多的士人得以有机会学习。

《诗经》作为汉族文学史上的第一部诗歌总集，共三百零五篇。《诗经》经历秦始皇"焚书坑儒"后失传，汉人传诗的有四家，称为"四家诗"。前三家即鲁诗（申培公所传）、齐诗（辕固生所传）、韩诗（韩婴所传），此三家又被称为"三家诗"，皆采用今文，在西汉被立于学官，属于今文经学。后来，西汉鲁国毛亨从家宅墙中挖出《诗经》，《诗经》始传于世。据称毛亨的诗学传自子夏，作《毛诗古训传》，传授侄儿毛苌。因《毛诗》采用古文，此学属于古文经学。刘歆原本通习今文诗学，后来通过内朝秘藏又知道了毛公之学，他首次把《毛诗》归入古文经典。毛诗后起，逐渐取代三家地位，"三家诗"逐渐失传。

刘歆提议把《左氏春秋》《毛诗》《逸礼》及《古文尚书》皆列入学官，然当时的五经博士群起反对，刘歆的提议没有实现。后来到汉平帝时，王莽执政，重用刘歆，才把《左氏春秋》《毛诗》《逸礼》及《古文尚书》立于学官。

东汉初年，古文经仍然不能立于学官。光武帝刘秀爱好经术，设立五经博士，各以家法教授，都是今文经学。汉明帝亲自讲经，诸儒执经问难于前，皇帝成为最高的经师。汉章帝建初四年（公元 79 年），举行了著名的白虎观会议，"考详同异，连月乃罢"。

这一时期，古文经虽然没有立于学官，但有相当的势力，即帝王对古文经学和其学者的支持。《后汉书·儒林传序》记汉章帝"诏高才生受《古文尚书》《毛诗》《逸礼》。虽不立学官，然皆擢高第为讲郎，给事近署"。当时著名的古文经学大师杜林、陈元、贾逵、桓谭等人皆在朝廷任职，有的还担任要职，如杜林任大司空，就是明证。由于通古文经学和通今文经学一样可以得到朝廷的任用，所以人们自然也趋而争习之。在此背景下产生的后汉三次古、今文经学之争，可以说脱离了职位利禄之争，转变为学术之争、道统之争（谁更能传孔子之道）。

东汉第一次古、今文经学之争发生在光武帝建武四年（公元 28 年）。据《后汉书·儒林传》记载，尚书令韩歆（古文经学者）上疏"欲为《费氏易》《左氏春秋》立博士"，今文经《梁丘易》博士范升竭力反对。范升的反对理由是《左氏》不祖《春秋》、传授不明，而且为了捍卫经学的道统，"疑道不可由，疑事不可行"，故除现有博士之外，其他博士应该一概不予增立。

东汉第二次古、今文经学之争发生在汉章帝时。由汉章帝支持，古文经学大师贾逵向今文经学发起挑战。贾逵是西汉著名学者贾谊的后代，其父贾徽是古文经学大师，贾逵幼从其父学经，又曾从刘歆受《左氏春秋》，兼习《国语》和《周官》，又曾从涂恽受《古文尚书》，学《毛诗》于谢曼卿，"问事不休""博学多通"。汉章帝"特好《古文尚书》《左氏传》"，曾令贾逵"发出《左氏传》大义优于《公羊》《穀梁》二传者"。据范晔的《后汉书·贾逵传》记载，贾逵摘出《左氏传》尤著名者二十事，内容尽是"君臣之正义、父子之纪纲"，上疏奏曰："左氏义深于君父，公羊多任于权变，其相殊绝，固以甚远"，博得了汉章帝的嘉赏，"令逵自选《公羊》严、颜诸生高才者二十人，教以《左氏》"。可见，其时太学虽未立《左氏春秋》博士，但已开设《左氏春秋》课程，且选公羊学高才生以教授之。

东汉第三次古、今文经学之争发生在东汉后期桓帝、灵帝之际。当时发生"党锢"之祸，据《后汉书·郑玄传》记载，著名今文学者何休、古文学者郑玄俱被禁锢在乡限制活动，于是闭门不出，暗暗修习儒家经典，"时任城何休好公羊学，遂著《公羊墨守》《左氏膏肓》《穀梁废疾》；玄乃发《墨守》，针《膏肓》，起《废疾》。"何休喜好公羊经学，就著述了《公羊墨守》《左氏膏肓》《穀梁废疾》；郑玄却针对这三本书都提出了辩驳。何休见到这些后感叹地说："郑康成走进了我的房室，操起了我的长矛，来讨伐我啊！"起初，光武帝中兴汉朝之后，范升、陈元、李育、贾逵这些人为古文、今文经学争辩不休，后来马融回答了北地郡太守刘𫗧加上郑玄与何休的对答，解说与考据都通达精深，从此古文经学便彻底兴盛起来了。

纵观古、今文经学之争，自西汉后期至东汉后期，历时二百余年。西汉后期围绕是否立古文经的博士学官的争论，实质是利禄之争；东汉的古、今文经学之争主要是学术宗派之争、道统之争。无论利禄之争还是道统之争，争论的焦点都在《左氏春秋》。最后今文经学没落，而古文经学兴盛起来。今文经学没落的原因主要在于它无法遏制的烦琐化趋势，班固在《汉书·艺文志》中曾批评今文经学者"说五字之文，至于二三万言"，如此皓首亦难穷经，自然令人畏而却步；另一原因在于今文经学的谶纬迷信化到了东汉时更加严重了。古文经学逐步兴盛起来，一方面由于它重考据训诂，神学化、迷信化没那么严重；另一方面也由于东汉时出了许多古文经学的大师，比如扬雄、贾逵、桓谭、马融、郑玄、许慎等人兼通古、今文经学，号称"通人"，以一种强大的学术优势促使古、今文经学走向融合。

魏晋玄学

玄学是盛行于公元三四世纪的思潮。玄学的"玄"字出自《道德经》第一章，末句形容"道"是"玄之又玄，众妙之门"。"玄"的意思是幽昧深远，其色黝然，有深远、看不透的意思。老子《道德经》原话的意思是：道，非常幽深玄远，是一切微妙变化的总门户。

王弼在《老子指略》中说："玄，谓之深者也。"玄学即是研究幽深玄远问题的学问。魏晋时人，将《老子》[①]《庄子》《周易》合称为"三玄"，而《老子》《庄子》被视为"玄宗"。冯友兰在《中国哲学简史》中说："玄学"的名称表明它是道家的继续。

玄学在魏晋时期的发展经过了四个阶段。第一个阶段是魏代的"正始之音"，是玄学的开创时期，代表人物是何晏和王弼。这时的玄学以老学为主。玄学的代表人物认为世界本体的"无"是绝对静止的，现象的"有"是变化万千的，运动着的"万有"最后必须反本，归于虚静。他们

---

① 全书《老子》统一用《道德经》表示。此处按"三玄"约定俗成保留《老子》说法。

儒道释会通的人

还认为治理国家需要调和儒、道两家的思想，即以道家的自然无为为本，以儒家的名教为末。

第二个阶段是"竹林时期"，这时的玄学在老学之外，注重对庄学的研究，主要代表人物是阮籍和嵇康。所谓竹林七贤代表儒家名教与自然的正面冲突时代，以嵇康被杀为终点。竹林名士提出"越名教而任自然"（嵇康《释弘论》）"非汤武而薄周孔"（嵇康《与山巨源绝交书》）的主张。当时司马氏家族为篡夺曹家政权，对倾向曹魏的家族或士大夫进行了残酷的杀戮。例如，司马师的第一任妻子夏侯氏，与司马师育有五女，因为夏侯家族跟曹家一向关系密切，夏侯氏竟然被丈夫毒杀。在当时特殊的政治环境背景之下，竹林名士的思想较之正始则远为注重个体之自由，而轻忽群体之秩序。余英时在《士与中国文化》中把竹林名士的放旷称为"反抗性的放达"。竹林名士欣赏庄子遁世逍遥的思想，用各种放旷任诞的方式反抗司马氏的强权政治。

第三个阶段是西晋元康时期，代表人物是郭象。向秀、郭象合著的《庄子注》是这个时期最重要的哲学著述。郭象在玄学中首创了"辨名析理"的概念。下面这件事表现了当时人们辨名析理的场景。乐正，西晋时官至尚书令，名高位显，世人称为"乐令"。乐令用"至"之名分析"至"之实。

《世说新语·文学第四》中有载："客问乐令'旨不至'者，乐亦不复剖析文句，直以麈尾柄确几曰：'至不？'客曰：'至。'乐因又举麈尾曰：'若至者，那得去？'于是客乃悟服。乐辞约而旨达，皆此类。""旨不至"语出《庄子·天下》："旨不至，至不绝。""旨"为"指"的假借字，指称的意思。"旨不至"争论的点是，人们用来指称事物的语言符号不能等于（完全代表）被指称的事物，即"名"与"实"的道理。乐令先用麈尾触及小桌，问客人："到了吗？"客人说："到了。"乐令又举起麈尾问客人："如果到了，那么能不到吗？"乐令用麈尾做的两个动作，暗示指称的语言符号（如"至"）与它所指称的事物之间若即若离的关系。我们可以这么分析：第一个动作表示的"至"是指"至"的共相，是概念，是不变的内涵；第二个动作表示的"至"是指具体的某一个"至"，麈尾在小桌上"至"了又去，语言符号的外延是可以发生各种变化的，所以"至不绝"。

"辨名析理"是魏晋文人、佛僧清谈的主要内容。上例中乐令用麈尾表达微妙的意义，不欲繁言，也是清谈中很著名的故事。"清谈"从字面上理解是清新、精妙的谈话。此外，古人还有用"清"表示高雅之意、正义之意，表示远离具体事务、实际利害的状态之意。落实到"清谈"上，它的道德意味不显著，高雅、趣味、玄虚、理辩是它的主要指向。由于它用含蓄而富妙趣的语言（可辅以动作）表达文人和他们的佛僧友人精微而有创意的思想，所以只能发生在那些知识水平、思想水平、思维能力旗鼓相当的人们之间，是一种阳春白雪式的高智力活动，也是一种花时"耗神"费力的体力活动。

魏晋玄学家重名理之辩，擅作概念的分析和推理，因此玄学的思辨性很强。可以说，辨析名理是玄学哲学的思维形式的基本特征。

向秀、郭象的玄学以庄学为主，提出了"崇有论"思想，以反对何晏、王弼的"贵无论"。《道德经》（第二十五章）曰："有物浑成，先天地生。寂兮寥兮，独立而不改，周行而不殆，可以为天地母。吾不知其名，强字之曰道，强为之名曰大。"《道德经》（第四十章）曰："天地万物生于有，有生于无。"《道德经》（第四十二章）曰："道生一，一生二，二生三，三生万物。"这是说的"道"就是"无"，它是无形无象的，是普遍法则，是混成之物，万物是由道产生的。在何晏、王弼看来，整个世界"以无为本"，认为"无"是世界的本体，"有"是各种具体的存在物，"有"是"无"的具体体现。

而向秀、郭象却不这样看，他们认为"有"自生自化，并不需要一个"无"作为自己存在的根据。万物自生"独化"，每一个事物都是独立自主地存在着的，宇宙间存在的每一个事物并不都是由某个特定事物所产生的，当某些条件具备，在某种情况下，某些事物就必然会产生。正因为如此，每一个事物只能是它自己，之所以成为它自己是身不由己的，想变为其他事物是不可能的。"有"自生自化，但万物之间相互关联，向秀、郭象在《庄子注》中说："人之生也，形虽七尺而五常必具，故虽区区之身，乃举天地以奉之。故天地万物，凡所有者，不可一日而相无也。"

向、郭为先秦道家思想赋予了许多新意。除了对"无""有"的认识之外，他们还认为"天"就是无为，"人"就是有为。顺乎自己的天性生活、直道而行就是"无为"；反之，就是有为。事物的本性都有它的局限性，人如果力图超越本性，结果就将丧失自己的本性。

第四个阶段是玄佛合流时期。自西晋短暂统一之后，从永嘉丧乱到东晋时代，社会处于动荡分裂之中，给佛教的发展提供了良好的土壤。两晋时期佛教取得了很大的发展。佛教的大乘佛教空宗思想与老庄思想很相似，一个讲"空"，一个讲"无"，一个讲"众生平等"，一个讲"万物一齐"。在玄学盛行的形势下，佛教徒们为了使佛教得到更好的发展，纷纷用玄学来解释印度佛学，代表人物有道安、支遁、僧肇等。

支遁，字道林，东晋名僧，聪慧机敏，学识深厚，善清谈玄学，与谢安、王濛、谢尚、司马昱等许多名士是好友。支道林喜欢鹤，有人送给他一对鹤，支道林很喜欢它们，鹤小的时候想要飞走，他就把它们的翅膀剪短，鹤就飞不起来了。鹤想飞而不能飞，只能看着自己的翅膀垂头丧气，支道林看到这情景很懊悔，说："既有凌霄之姿，何肯为人作耳目近玩！"于是，他就把鹤放走了。

支道林将自己的思想感情注入鹤的身上，他把鹤放走正是因为自己不愿做他人的"近玩"，为他人所束缚。一个人生活在世上必须遵循自己的天性活着，只有"任自然"，才能保持内心的完整。支道林放鹤的故事是魏晋玄学中玄佛合流的典型体现。

魏晋玄学在中国文化中占有重要地位，它的全貌和精要绝非三言两语所能道尽。它不仅上承先秦的道家思想，克服了汉代经学神学化、谶纬化的弊病，还开创了糅合佛、道、儒的新的哲学时期。它对有与无、名与实等宇宙本体论和认识论这些玄虚之理的思辨和深具创意的见解，更体现了晋人在思维上达到了一个很高的层次。

四 斗争

罢黜百家、独尊儒术的儒道之争

　　《汉书·刑法志》里写道："至于秦始皇，兼吞战国，遂毁先王之法，灭礼谊之官，专任刑罚，躬操文墨，昼断狱，夜理书，自程决事，日县石之一。而奸邪并生，赭衣塞路，囹圄成市，天下愁怨，溃而叛之。"到秦始皇的时候，他兼并了各国，于是废毁了先代帝王的法则，消灭了司掌礼仪的官职，专门使用刑罚，亲自操作文书写作，白天审判诉讼，晚上处理文书，自己按定额处理事情，一天以一百二十斤竹简为量。但是邪恶不正的人都出现了，犯罪的人塞满道路，牢狱里面如市场一般都是人，天下的人忧愁怨恨，纷纷反叛秦国。秦朝硬要采用法家思想，十几年就垮台了。历史使刘邦成为运用黄老之学以治国的第一人。刘邦看到当时天下人苦秦苛法久矣，就尽废秦法，与关中父老"约法三章"，为打天下奠定了良好的民意基础。登基后，他一方面消灭韩信、彭越、英布等异姓王，另一方面建章立制并采用休养生息之宽松政策治理天下，让士兵复员归家，豁免其徭役，重农抑商，恢复残破的社会经济，稳定封建统治秩序，安抚了人民。

黄老之学最初是作为战国诸子百家中道家的一个学派（另一个道家学派是老庄之学）而存在的。"黄"指黄帝的学说，以讲治身养生为主；"老"指老子的学说，取其学说中的自然无为的思想精髓融入治国之道中。黄老之学兼容并包，认为"贵清静而民自定"，主张君主治国"无为而治"，掌握政治要领即可，对百姓因势利导，不要做过多的干涉。还主张"省苛事，薄赋敛，毋夺民时"。到了汉初，由于它切合汉初政治的需要而被统治者当作治国理政之术加以鼓吹和推行。汉初用黄老思想治理国家，采用休养生息、无为而治的宽民政策，高祖、吕后、文帝、景帝四代相继，共六十六年。文、景二帝恭行仁孝，生活简约朴素，是千古称颂的贤君。

司马迁的《史记·吕太后本纪》中记载："孝惠皇帝高后之时，黎民得离战乱之苦，君臣俱欲休息乎无为。故惠帝垂拱，高后女主称制，政不出房户，天下晏然。刑罚罕用，罪人是稀，民务稼穑，衣食滋殖。"班固在《汉书·食货志》中也写道："孝惠、高后时，百姓新免毒蠚，人欲长幼养老，萧、曹为相，填以无为，从民之欲而不扰乱，是以衣食滋殖，刑罚用稀。"吕太后在主政期间，沿袭汉初"与民休养生息"的基本国策，推行"无为而治"，废除了"挟书律"，鼓励民间藏书、献书，以至于她不出宫门，便令天下大治，老百姓过得和谐又滋润，社会犯罪率极低。

"及孝文即位，躬修玄默，劝趣农桑，减省租赋。而将相皆旧功臣，少文多质，惩恶亡秦之政，论议务在宽厚，耻言人之过失。化行天下，告讦之俗易。吏安其官，民乐其业，蓄积岁增，户口寝息。"

汉景帝长期生活在黄老之术的氛围中，其母窦太后"好黄帝与老子言，帝及太子诸窦不得不读黄帝与老子，尊其术"。在文、景二帝统治时期，朝野内外对黄老之术从之者甚众，著名者除胶西盖公、曹参之外，还有陈平、陆贾、黄生、田叔等人。

政治上的无为主义实行了六十六年（公元前 206 年—公元前 141 年）之后，西汉社会海晏河清、仓廪充实，人人自爱而重法，先行义而黜丑辱。

黄老之学在汉初政治的重要作用，有两个方面值得强调：一是中央政府与藩王的关系，另一方面是汉政府与匈奴的关系。这两个方面非同小可，若处理不得当都将直接威胁到中央政权的存在。

汉初诸侯王的势力十分强大，其中尤以吴、楚、齐为最，其领地几近"天下之半"。汉初全国人口大约有一千三百万，而属于诸侯王国的就有八百五十多万。这种政治格局，不仅使政府大量的纳税人口被剥夺，国家财政被严重侵蚀，而其存在及明显的独立倾向也使中央集权时刻面临着被分裂的威胁。但文、景二帝不是急于削藩，而是对诸侯王采取了长期的优容政策，小错不纠，如吴王刘濞失藩臣之礼，称病不朝，文帝反赐其几杖，允许其不预朝会，后来吴楚"七国之乱"未过三个月即被镇压。可见，在处理与诸侯王关系的问题上，黄老之术的以柔克刚、以静制动、以守为攻观念也成为一种中央政权与地方政权之间非常有效的润滑剂。

在处理与匈奴的关系时，文景时期延续了刘邦执政期间对匈奴的和亲政策。因为此时的汉王朝建国不久，论实力还不足以战胜匈奴，需要休养生息以搞好经济发展。于是对匈奴赠车马作为礼物，"以宗室女为公主，嫁匈奴冒顿单于"。黄老之学给汉王朝带来了被后人称颂的"文景之治"，而且也为汉武帝主动向匈奴开战，从"无为"走向"有为"打下了必要的基础。

窦太后（即汉文帝之后、汉景帝之母、汉武帝祖母）是中华民族最后一位拥护黄老之学的统治者。她历经惠、文、景、武四代，亲历了"文景之治"的盛况。儒道之争主要发生在窦太后与汉武帝之间。窦太后信奉黄老之学，《史记·儒林列传》称她在世时"故诸博士具官待问，未有进者"。景帝时她曾召见博士辕固生问《道德经》是一部怎样的书，辕固生贸然回答道："这不过是部平常人家读的书，没什么道理。"窦太后大怒，道："难道一定要司空城旦书吗？"司空，主管囚徒的官；城旦，泛称刑书。这句话讥讽儒家苛刻，把儒家的书比之与刑书。然后竟把辕固生流放到猪圈里。

汉武帝刘彻登基时只有十六岁，年轻气盛，天生有着叛逆的性格，刘彻不满足于无为而治，窦太后闻他好儒，常出面干预朝政。当时大儒董仲舒等人建议他进行新王改制，在治国理政上不再依靠黄老之学，而实行"罢黜百家，独尊儒术"的方略，符合武帝的心意。《史记·孝武本纪》记载："赵绾、王臧等以文学为公卿，欲议古立明堂城南，以朝诸侯。草巡狩封禅改历服色事未就。会窦太后治黄老言，不好儒术，使人微伺得赵绾等奸利事，召案绾、臧，绾、臧自杀，诸所兴为者皆废。"赵绾、王臧都是治《诗经》的学者，是申培的弟子，二人在武帝初年受到重用，推行独尊儒术。他们建议武帝仿古制，设明堂辟雍，改历易服，行巡狩封禅等礼仪，还建议今后政事可以不必事事请命窦太后。窦太后好黄老之言，不悦儒术，听罢怒不可遏，暗地里派人窥伺查到赵绾、王臧二人的"奸利事"，命武帝革去赵、王二人的官职，汉武帝于是尽废明堂事，将二人逮捕下狱，二人皆自杀。建元二年的这次政治改革以汉武帝的失败告终，至窦太后去世前，武帝不再重用儒生。此事在《史记》的《孝武本纪》《儒林列传》有多处记载，《资治通鉴》卷十七中也有记载，可见它在武帝践祚之初是个重大的政治事件，其性质是道家思想和儒家思想这两种治国理念的斗争，以及拥附这两种思想的学者、官员、最高统治者之间的权力斗争。

北方匈奴始终是威胁西汉政权的巨大力量，在如何对待匈奴的问题上，武帝和窦太后的观点也截然不同。武帝认为国家经济实力已空前强大，已经具备了和北方匈奴政权进行对抗甚至灭掉对方的水平，而窦太后则认为应当继续执行和亲、怀柔的政策。如果此时开战，不但无法取得胜利，反而可能将文景以来积累下来的成果毁于一旦；国家经济实力虽然大增，但成果根基尚浅，很容易被大规模战争所动摇，而且当时军队的训练、将领的选拔、养马业（与匈奴战需要强大的骑兵）都比较松弛；西汉还没有和西域取得联系，一旦跟匈奴打起来势必会涉足西域腹地，一旦孤军深入就可能凶多吉少。由此可见，窦太后之所以坚持黄老之学的治国理念，是基于自己现行国力和环境的前提的，这一点跟高祖、吕后、文帝、景帝他们是一样的。

自汉武帝在用独尊儒术替代黄老之学的政治改革失败之后，他韬光养晦，事事顺从祖母的心意，因为他知道祖母已经年近古稀，而自己还二十未到，总有一天他可以熬到大权独揽、乾纲独断。公元前135年，窦太后驾崩，汉武帝迅速掌握了国家最高统治权，然后热烈而坚决地实施"独尊儒术"的治国理念。

汉武帝的做法有：命民"买爵""赎禁锢""免赃罪"，特置"武功爵"十七级卖给百姓，共值三十余万金；盐铁官营；算舟车；钱法改来改去；封禅；巡守；营造宫室；求神仙。总之，统治者和商贾夺利，和普通百姓夺利，自己生活得豪华奢侈。当年文帝、景帝对百姓轻徭薄赋、从民之欲不扰乱，使之休养生息，而自己的生活也十分节约，欲望很少。跟祖父、父亲相比，汉武帝确实尽废祖宗之法，改天换地了。

这些治国理政做法的后果又是怎样的呢？自立国以来，到汉武帝之前，西汉从没有发生过农民起义，农民起义自汉武帝开始。汉武帝常年四处征伐，编户齐民兵役，赋役负担严重，百姓为逃避兵役和赋役逃入山林，成为盗匪。盐铁官营，除了导致民营经济衰败之外，还直接导致了汉成帝时期的铁官徒起义。此外，汉武帝多次向匈奴征战，造成"海内虚耗，户口减半"，费尽了文景以来的积蓄，还损失了全国百分之五十的人口，导致经济倒退，却还是没有解决北方匈奴的祸患，比起先帝们以柔克刚的和亲政策和以守为攻的加强边境武备守卫的做法，耗费巨大而效果未必更好。一场大规模的战争足以将一个繁荣昌盛的国家打回危机四伏的状态，正如《道德经》（第三十一章）曰："兵者，不祥之器，物或恶之，故有道者不处。"又曰："兵者不祥之器，非君子之器，不得已而用之，恬淡为上。胜而不美，而美之者，是乐杀人。夫乐杀人者，则不可得志于天下矣。"

吕思勉先生在其《中国通史》一书中很不客气地批评汉武帝，说"文景以前，七十年的畜积，到此就扫地以尽，而且把社会上的经济，弄得扰乱异常。这都是汉武帝一个人的罪业。"汉武帝扰乱的仅仅是社会经济吗？

从汉武帝那时起，道家思想黄老之学就不再统治中国了，汉朝进入了漫长的"独尊儒术"（其实是"外儒内法"，名为儒家，实为法家）时期，直至灭亡。汉武帝与窦太后所争的，究竟哪一个是对的呢？

从韩愈『谏迎佛骨』
看儒佛之争

　　"谏迎佛骨"说的是唐元和十四年（公元819年）宪宗敕迎法门寺佛骨，而吏部侍郎韩愈上《论佛骨表》加以劝谏的事。法门寺佛骨，也称佛舍利，传说是释迦牟尼的指骨。相传古印度摩揭陀国孔雀王朝第三代国王阿育王，于公元前2世纪中叶用武力统一印度半岛，崇信佛教，在世界各地建了八万四千座宝塔，将释迦牟尼的舍利分置其中。传说位于陕西省扶风县（又叫凤翔府）的法门寺塔即是其中之一，法门寺因此又称阿育王寺，法门寺塔又称真身宝塔，所藏佛骨极受信徒和信佛帝王的崇敬，信徒和信佛帝王的崇敬甚至达到了狂热的程度。历史上曾发生过七次奉迎佛骨的事件。

　　据唐宪宗敕命撰写的《佛骨碑》中所记载："太宗特建寺宇，加以重塔；高宗迁之洛邑；天后荐以宝函；中宗纪之国史；肃宗奉之内殿；德宗礼之法宫。"世传舍利塔当三十年一开，开则岁丰人安。

　　第一次奉迎佛骨发生在唐贞观五年（公元631年），唐太宗开启塔墓，以舍利示人。舍利出土之时，瑞光四射，四方民众蜂拥入寺内，同观佛光。太宗此举拉开了唐朝二百多年帝王奉迎佛骨的潮流。

第二次奉迎佛骨发生在唐显庆五年（公元660年）。唐高宗李治一生信奉佛法，他敕令将佛骨从法门寺迎请到东都洛阳。当时，由法门寺经长安到洛阳的数百里路途中都是人。人们争先恐后，欲一睹佛骨风采。佛骨在京师被供奉了四年之久才被送回法门寺，唐高宗敕令为舍利建造了九重金银棺椁，用来供奉。

第三次奉迎佛骨是在武则天称帝后的武周长安四年（公元704年）。武则天早年曾被迫削发为尼，度过了一段苦日子，也和佛教结下了缘分。于是，崇佛的高潮再度掀起。

第四次奉迎佛骨发生在唐肃宗上元元年（公元760年），"安史之乱"尚在继续。相传佛骨"三十年一开闭，开则五谷丰登，兵戈自息，天下太平"。唐肃宗临阵奉佛，希望兵戈止息、社稷安宁。由于国难当头，朝廷用度紧张，这次奉迎佛骨的规模就比高宗、武后时小，持续的时间也短，历时两个月左右。

第五次奉迎佛骨在唐贞元六年（公元790年），离上次迎佛骨三十年了，当时的唐朝处于"藩镇割据"的局面。经过了五年削藩战争，朝廷财政空虚。武力削藩的失败使唐王朝转向了对藩镇的姑息迁就。藩镇诸将，多为胡族，尤信奉佛教。原本对佛教不是最热心的唐德宗李适也循旧例举行了一次迎佛骨，他的奉佛之举，可能也是为了笼络这些手握重兵的地方实力派。

第六次奉迎佛骨是在唐元和十四年（公元819年），这一年是开塔的时间，当时的唐朝正处于"元和中兴"的局面。唐宪宗派专使往法门寺，将佛骨隆重地迎入长安，在宫中供养三天，然后又下令京城佛寺轮流供奉。唐宪宗的这一举动使得整个长安城掀起崇佛狂潮。上至王公，下至士庶"焚顶烧指，千百为群；解衣散钱，自朝至暮；转相仿效，唯恐后时；老少奔波，弃其业次"。当时吏部侍郎、著名文学家韩愈不顾个人安危，写下《谏迎佛骨表》，上奏唐宪宗，力陈其中弊害，请求将"此骨付之有司，投诸水火，永绝根本，断天下之疑，绝后代之惑"。宪宗得表，龙颜震怒，要对韩愈处以极刑，幸亏朝中裴度等宰臣极力说情，方免一死，被贬为潮州刺史。韩愈由此事件成了中国思想史上尊儒反佛的里程碑式的人物。

唐咸通十四（公元 873 年），第七次奉迎佛骨。这年春天，唐懿宗诏令大德高僧数十人恭迎法门寺佛骨，尽管朝中百官上疏劝阻，但唐懿宗却说，只要能见到佛骨，就是死也心甘情愿。为了奉迎佛骨，长安倾城出动，官民齐作准备，车马昼夜不绝。沿途都有饮食随时供应，称"无碍檀施"。沿途有数以万计的浮图、宝帐、香舆、幡花、幢盖、幢伞。迎请佛骨的仪仗车马，由文武大臣护卫，名僧大德供奉，长安各寺僧众拥戴，难以计数的善男信女膜拜。长安城内的佛教徒更是如痴如醉出现了许多日常罕见的场景：有的人在佛骨面前砍断自己的手臂；有的人肘行膝步，爬到佛骨面前；有的人断手指、烧手指，为了在佛骨面前发誓许愿；还有的人头顶干草，点火燃起，哭卧于佛骨面前。这场规模空前的活动影响巨大，唐懿宗在大张旗鼓奉迎佛骨的第二年便死去了。

其实唐宪宗也并非真心想要置韩愈于死地，真正令宪宗愤怒的是：奏表里所说的信佛的帝王"乱亡相继，运祚不长""事佛渐谨，年代尤促"这样的话，要不，唐宪宗又怎么会在第二年，即元和十五年就下诏调其回京任国子祭酒呢？长庆（公元 821 年）元年，韩愈转任兵部侍郎，冒着生命危险单枪匹马赴镇州宣慰乱军，不费一兵一卒就平息了镇州之乱，被誉为"勇夺三军"。长庆二年（公元 822 年），韩愈又转任吏部侍郎。长庆三年（公元 823 年），韩愈升任京兆尹和御史大夫，鞠躬尽瘁，长安大治。长庆四年十二月二日（公元 824 年），在"谏迎佛骨"五年之后，韩愈因病卒于长安，终年五十七岁。

"谏迎佛骨"是中国历史上儒佛矛盾斗争的一个重大事件。佛教是外来宗教，韩愈的《谏迎佛骨表》以此意开篇："伏以佛者，夷狄之一法耳，自后汉时流入中国，上古未尝有也。"韩愈为什么一开篇就提出佛教是"夷狄之一法"？其实，韩愈骨子里是有很深的"华夷之辨"的思想的，他在意识上有这样的观念：华夏族在与异族的交往中占有主体地位，诸夏是夷狄的主人。

接着，他举例说中国的皇帝信佛则寿命短，不信佛则寿命长。

"昔者黄帝在位百年，年百一十岁；少昊在位八十年，年百岁；颛顼在位七十九年，年九十八岁；帝喾在位七十年，年百五岁；帝尧在位九十八年，年百一十八岁；帝舜及禹，年皆百岁。此时天下太平，百姓安乐寿考，然而中国未有佛也。其后殷汤亦年百岁，汤孙太戊在位七十五年，武丁在位五十九年，书史不言其年寿所极，推其年数，盖亦俱不减百岁。周文王年九十七岁，武王年九十三岁，穆王在位百年。此时佛法亦未入中国，非因事佛而致然也。"这些不信佛的皇帝皆年百岁。

"汉明帝时，始有佛法，明帝在位，才十八年耳。其后乱亡相继，运祚不长。宋、齐、梁、陈、元魏已下，事佛渐谨，年代尤促。惟梁武帝在位四十八年，前后三度舍身施佛，宗庙之祭，不用牲牢，昼日一食，止于菜果，其后竟为侯景所逼，饿死台城，国亦寻灭。"这些信佛的帝王不仅在位时间短、年寿不考，而且国家也灭亡得快，韩愈因而推断出"事佛求福，乃更得祸"的结论。从而得出观点"由此观之，佛不足事，亦可知矣"。

然后，韩愈从佛教对社会的负面影响来激烈地批评佛教："然百姓愚冥，易惑难晓，苟见陛下如此，将谓真心事佛，皆云：'天子大圣，犹一心敬信；百姓何人，岂合更惜身命！焚顶烧指，百十为群，解衣散钱，自朝至暮，转相仿效，惟恐后时，老少奔波，弃其业次。若不即加禁遏，更历诸寺，必有断臂脔身以为供养者。"佛教使民"焚顶烧指"，严重损坏了百姓的身体；佛教使民"百十为群"，严重影响了当时的社会秩序；

佛教使民"解衣散钱",严重影响了国家的经济秩序；佛教使民"老少奔波，弃其业次"，严重影响了当时各行各业的生产劳动。佛教使民"断臂脔身以为供养"，则会伤风败俗，传笑四方。韩愈的这些批评可以说是有一定道理的。

再接下来，有"道济天下之溺"之称的韩愈进一步站在儒家思想的价值立场上对佛教进行回应："夫佛本夷狄之人，与中国言语不通，衣服殊制；口不言先王之法言，身不服先王之法服；不知君臣之义，父子之情。"他写道：佛本来是华夏族以外之人，与中原地区言语不通，衣服样式也和中原不同，他口里不说合乎先王礼法的话，身上不穿先王礼法规定的衣裳，不晓得君臣之间的礼义，不懂得父子之间的感情。儒家重视现实，看重人间，把君臣、父子、夫妇、兄弟、朋友作为五种人伦关系，并规定了父子有亲、君臣有义、夫妇有别、长幼有序、朋友有信这五项人伦道德的基本范畴。佛教则不同，佛教视人生为苦海，佛教的理想就是从苦海中解脱，进入涅槃世界。佛教的发展壮大会冲击儒家的伦理道德根基，从而危及儒家理想的社会结构。

韩愈依据儒学思想，批评佛教"口不言先王之法言，身不服先王之法服；不知君臣之义，父子之情"，直指儒佛冲突的核心问题。当儒家以血缘为纽带建立的社会伦理秩序遇到外来佛教建立的非血缘的社会伦理秩序时，二者必然会发生这样不可调和的斗争，这时儒家的有识之士中必然会有人站出来，捍卫儒家的道统地位。在中唐时期，这个勇敢的卫道士就是韩愈。

韩愈斥佛是"夷狄之人"，其教义不合先王之教，其生尚不足尊，况其身死已久，枯朽之骨不过是凶秽之余，不宜进入宫禁，最后提出将佛骨投诸水火、毁而弃之的处置办法，并说佛若有灵，自己宁愿身任其祸，以此力证佛不足畏，力争使唐宪宗采纳他的建议。韩愈从宗教外部的社会影响层面来批评佛教，还没进入宗教的哲学义理层面，所以后世有学者认为韩愈其实不懂佛教。帝王作为国家最高统治者何尝不懂要以儒家思想统治国家？有学者认为，正是因为韩愈对佛教的心性之说所知甚少，他对帝王崇奉佛教微妙的心理原因、复杂心态没有真正的认识，故而《谏迎佛骨表》尽管从国家和百姓的利益出发力陈弊害，却惹得唐宪宗勃然大怒。

在韩愈死后二十一年，即唐武宗会昌五年（公元 845 年），发生了排佛事件，是为佛教史上"三武一宗之难"中的"会昌之难"，佛教遭到了沉重的打击，元气大伤。凭着韩愈在文坛上的地位和威望，其撰写的《谏迎佛骨表》广为传播，为唐武宗时期反佛打下了舆论基础。在会昌法难二十八年后，唐懿宗时期（公元 873 年）发生了唐王朝第七次迎奉佛骨的事件。文明的发展就是这样兜兜转转，在曲折迂回中渐渐向前。虽然韩愈反佛的行动在当时未能很快取得成效，然而他反佛的文章却给后代留下了深远的影响，并为宋明理学的兴起开辟了道路。

三武一宗之祸

我国历史上有四次灭佛事件即"三武一宗之祸","三武"指北魏太武帝、北周武帝、唐武宗,"一宗"指后周世宗,他们曾因政治、经济、文化、个人信奉等多种原因而排佛。

北魏太武帝拓跋焘,字佛狸,是北魏第三任国君。北魏建国于公元386年,积极致力于征服中原。公元439年太武帝拓跋焘统一了北方。拓跋族入主中原后,承中原佛法之事,接受了佛教这一思想武器,用它来敷导民俗,因此,从北魏太祖拓跋珪开始,北魏统治者大都敬礼沙门。拓跋焘继位之初也是如此,每引高德沙门,与共谈论。但是佛教势力发展过于迅猛,佛教徒人口增加,拓跋焘在军事战争中日益感到人力的缺乏;另外佛教进入中原后也吸收了谶纬学说,搞一些神秘理论,妨害到了皇帝的权威。加之,拓跋焘听信司徒崔浩的劝告,崔浩深信道教,排斥佛教,拓跋焘渐渐疏远佛教,进而发展为灭佛的行动。

在公元438年,拓跋焘诏令五十岁以下沙门尽皆还俗,以从征役,解决翌年西伐北凉所需的人力问题。

太武帝拓跋焘灭佛的导火线是发生在公元 445 年的盖吴起义。盖吴是卢水胡人，他领导的这次起义参加的群众有十余万人，声势、规模浩大，太武帝亲自指挥六万骑兵前去镇压。政府军途经长安之时，在一座寺庙里发现了兵器。本来已经把佛教作为戎狄之教的太武帝怀疑寺庙与起义军有通谋。据《魏书·释老志》记载："帝怒日：'此非沙门所用，当与盖吴通谋，规害人耳！'命有司案诛一寺，阅其财产，大得酿酒具及州郡牧守富人所寄藏物，盖以万计。又为屈室，与贵室女私行淫乱。帝既忿沙门非法，浩时从行，因进其说。诏诛长安沙门，焚破佛像。敕留台下四方，令一依长安行事。"拓跋焘又下灭佛诏，指责沙门之徒，假西戎虚诞，生致妖孽，非所以壹齐政化，布淳德于天下。规定自王公以下至于庶人，有私养沙门及师巫、金银工巧之人在家者，限于二月十五日前遣送官曹，不得藏匿。过期不送，一经查实，沙门身死，主人门诛，以加强政治控制。

北魏太武帝灭佛在"三武一宗之祸"的帝王们中最为彻底和血腥惨烈的。他采用"沙门无少长，悉坑之"的办法消灭佛教徒。"以伪太平七年，遂毁灭佛法，分遣军兵，烧掠寺舍，统内僧尼悉令罢道，其有窜逸者，皆遣人追捕，得必枭斩。一境之内，无复沙门。"在强令僧尼还俗、屠杀僧尼之外，还大肆拆毁寺庙，焚经毁像，以致"土木宫塔，声教所及，莫不毕毁矣"。

平素喜好佛法的太子拓跋晃在灭佛这一问题上与父亲产生极大矛盾。他屡次劝谏无果，只得设法保全很多和尚不被杀害。他拖延时间，慢慢将诏书发下去。远近寺院的和尚事先得到消息，各自想办法脱身，纷纷逃走躲藏起来，幸免于难。

司徒崔浩，字伯渊，出身于清河著名士族，博览经史，深谙阴阳五行之说，信奉寇谦之的道教。崔浩凭借着他在帝王面前的特殊地位，左右了这次灭佛事件。寇谦之，字辅真，南雍州刺史寇赞之弟。寇谦之的道教"天师教"，与先前的道教"五斗米教"有相同处也有不同处，例如，寇谦之的天师教也主张"服食闭关"，追求"长生不老"，但它把儒家的许多伦理教条变为道教的教义，如"不得叛逆君主"、"与君不可不忠"、要"安于贫贱"等。这样的道教无疑是极其迎合封建统治者的心意的，因而才可能被帝王采纳。寇谦之把儒家学说、斋戒祭祀仪式以及佛教经律吸收到道教教义中来，对道教进行了改革，再加上崔浩的力荐，终于在太武帝拓跋焘时道教压过了佛教。直至文成帝拓跋濬继位后，于兴安元年（公元452年）下令复兴佛教，方使佛教逐渐恢复发展。兴安二年（公元453年），文成帝下令建造云冈石窟。

后来，北魏分裂为东魏、西魏两个政权，北周承继了西魏的政权，北周武帝宇文邕成为北周的第三任国君。他在位期间励精图治，有统一天下的野心。即位之初，北方有僧尼逾三百万，寺庙四万余所。这些人不用服兵役，不用交赋税，减少了国家的兵源和税收。于是在道士张宾的进言下，武帝决定废佛。建德三年（公元574年）下诏"罢沙门、道士，并令还民。"宇文邕口头上佛道俱废，但实际上对佛教的打击远甚于道教，灭北齐后，他又使"五众释民减三百万，皆复军民，还归编户"。他还下令焚毁佛经、拆除佛像，对寺庙没有采取拆毁极端措施，而是"赐给王公"，同样达到了废佛的目的。

到了唐朝的时候，佛教再次大发展，至唐武宗李炎即位之时，全国有僧尼人数近三十万，寺院五万余座。日益壮大的僧侣队伍中，有不守戒律、作奸犯科者；在朝廷中也形成了僧侣的政治势力，甚至有三十多名僧侣被封官重用，其中不乏参与国家政治机密者。唐武宗本人痴迷道教，鉴于佛教势力泛滥，损害国库收入，在道士赵归真、刘玄靖的进言和宰相李德裕的支持下，唐武宗决定灭佛。这样，在中唐的时候，中国又发生了一次"法难"。唐武宗于会昌二年（公元842年）十月下诏，禁止天下所有僧尼烧臂练指、咒术、钉截手足，曾犯淫、养妻、不修戒行者，并勒还俗。若僧尼有钱谷田地者，应收纳入官。如惜钱财，情愿还俗，亦勒还俗，充入两税徭役。唐武宗废佛持续了较长的一段时间，前后还俗僧尼共二十六万零五百人，充为两税户；收寺庙里的奴婢充为两税户共十五六万人。如有僧尼不服还俗者，当场决杀。唐武宗在全国范围内拆毁寺庙四千六百余座，将寺中的佛像铸钱或制造成农具，还下严旨将天下佛经毁灭几尽。

后周是唐朝之后、五代十国时期的一个政权。后周世宗柴荣是一个非常有作为的君主，他生性不喜佛教，即位未几便开始了一系列排斥佛教的政策。显德二年（公元 955 年）正式下令灭佛。后周世宗的灭佛措施相比前三位显然要温和、理性许多，他一方面革除佛教中的弊端，如禁止旁门左道蛊惑人心的妖幻之术，禁止私度僧尼，严禁罪犯和奴婢出家；一方面控制而非灭绝寺院和僧尼的数量，如仅仅敕令僧尼账籍中无名的僧尼还俗回家，对有才能且想报国的僧侣，朝廷会量才录用，又如仅仅拆除无敕（帝王的敕命）的寺院、禁止新造寺院，禁止民间私藏佛像，收购铜制佛像铸钱。尽管世宗的灭佛手段更加理性，但是经过唐武宗灭佛之后的佛教已经元气大伤，再也经不起折腾了。

中国历史上这四次著名的"法难"，除了唐武宗灭佛事件之外，都发生在连年征战、社会动荡的历史时期，许多百姓不得已遁入空门，或信奉佛教以求精神解脱，致使佛教空前发展。而灭佛的这四位帝王又都是刚毅决断、富有政治抱负之君，"三武"拓跋焘、宇文邕、李炎的文治武功都达到了各自政权的最高峰。连年征战已经使得人口锐减，而这么多人遁入空门不事稼穑，土地被寺院占据，寺院坐拥良田山林还不用交税，佛教的兴盛已经严重地削弱了国家财政收入和作战兵力，与帝王要实现的远大抱负背道而驰，更损害了政权统治的根基，故出于政治、军事和经济原因他们决定灭佛。

至于在灭佛行动中道教的作用，虽有道士或痴迷道教的宰相、帝王的直接参与，但道教因素更多地属于文化方面的考虑，其次是道教为王权所利用，宗教成为政权的工具。

在佛道关系上，冲突一直不断，主要表现为两个方面：一是夷夏之辨，是具有华夏传统的汉文化与古印度文化的冲突，是本土宗教与外来宗教的冲突。华夷之防并不是偶然的，佛教从传入中国的那一刻起就一直受到这样的责难，道教则站在捍卫中国传统文化的地位上攻击佛教。二是佛道孰为上之争。两晋南北朝时，佛道并盛，统治者往往出于自己的需要，对两教或有取舍，或调和并倡，这使两派宗教力量的争夺融入了政治的因素。长江以南地区，从东晋时期至宋齐梁陈各朝代，帝王大多信奉佛教；北方经过北魏太武帝灭佛，数年之后，佛教逐渐恢复，北魏孝明帝崇佛抑道，北朝佛教既得到了政权的有力支持又得到了发展。因此，自身的日趋成熟和统治者的扶持，佛教在南北朝极大地扩充了势力，此时道教刚刚从民间走上上层社会，向正统化转变，力量相对薄弱。但道教作为本土宗教，具有文化遗传上的优势，因此这时的佛道两教的冲突提升为"孰为上"的争执，为了被最高统治者接纳，迎合封建统治的需要，道教积极变革，吸收儒家和佛教的成分，从东汉末年五斗米教的民间化道家转变为贵族化的道家，成为维护王权的工具。

这四次法难，看似是佛道之争，实质是佛教与政权之争。这四次打击促使清醒的佛教人士反省自身的弊病，并积极寻求更好地融入中国社会的方法。

五 并行

南朝四百八十寺

"千里莺啼绿映红，水村山郭酒旗风。南朝四百八十寺，多少楼台烟雨中。"这首晚唐诗人杜牧的《江南春绝句》勾起了多少人对物阜民丰、风景如画、文化昌盛的南朝鼎盛时期的追忆。

"南朝"和"六朝"这两个概念有所区别，也有所重叠，今人常常混为一谈。"六朝"是指孙吴、东晋、宋、齐、梁、陈这六个建都于建康（孙吴时叫建业）的政权；"南朝"则是指六朝中的宋、齐、梁、陈朝。

东晋和南朝宋、齐、梁、陈时期，南北对峙。北方先有五胡十六国混乱时期，后北魏统一了北方，进入了北魏、东魏、西魏、北周政权更迭的北朝时期。南方更是如此，偏安江左一隅的这五个政权，本身就是不断地由宗室或权臣篡夺而立，享国时间与大一统的帝国如汉唐根本无法相比，寿命最短的陈朝，只延续了三十三个年头。"金陵王气黯然收"仿佛是这些偏安江左的朝廷无法避免的宿命。再加上南北之间战争频仍、社会动荡，所以这一时期内社会矛盾日益尖锐化，形成了"人人厌苦，家家思乱"的局面。统治者迫切需要利用佛教作为精神武器，欺骗和麻痒广大百姓，以达到长治久安的目的；而寻常百姓生活困苦，亦希冀解脱。这一时期，儒家"生死有命，富贵在天"的陈词滥调受到普遍怀疑；道教的"羽化登仙""长生不死"也遥不可及、难以兑现；而佛教则从"神不灭论"出发，宣扬的"人皆可成佛"和来世"极乐世界"的快乐。广大百姓在困苦的人世中把佛教当作精神上的寄托。于是，佛教一传入江南，就在这里生根发展。

同时，在险恶的政治环境中，在不断的分裂动乱中，仍有范围不小的局部的统一、时间不短的安宁。尤其是以吴地为中心的东南东区经济迅速崛起，农业、手工业发展迅猛，市井繁荣，北方士族大量南迁，人口急速增加；各种学说同时并存，社会思想自由活跃，流光溢彩，精彩纷呈。经济的兴盛与思想的开放，给佛教的南下发展和寺庙的大量营建奠定了物质基础与精神准备。

东晋和南朝的帝王大多博览群书，颇通儒学，爱好文、史，擅长书法，支持佛教发展壮大，而在治国策略上则儒、玄、佛并用。东吴的孙权大帝，东晋的元帝、明帝，宋明帝、梁武帝、陈宣帝无不大力宣扬佛教、尊礼高僧。

天竺僧人康僧会于吴赤乌十年（公元 247 年）自交趾（今越南）经由广州北上来到建业，东吴大帝孙权为其建立了江南第一座佛寺——建初寺。康僧会在寺内设坛传经，弘扬佛法，并且译出《法镜经》等多部佛教经典。苏州的通玄寺也是在这一时期建立起来的。两晋时期，宁波的天童寺、杭州的灵隐寺、苏州虎丘的灵岩寺也相继建立起来。及至南朝，崇佛之风盛极一时，寺庙、僧侣数量猛增。据史料记载：刘宋时，有寺院 1913 所，僧尼共 36000 人；萧齐时，有寺院 2015 所，僧尼 32500人；萧梁时，寺院竟达 2846 所，僧尼共 82700 人；陈朝时，有寺院1232 所，僧尼 32000 人。这些寺院或由皇帝敕建，或由私人（往往是宗室或大臣）舍宅为寺，或由僧尼化缘营建。唐朝诗人白居易在做苏州刺

五井行

093

史时曾游东武丘寺，并留下诗作。武丘寺由东晋世族王珣、王珉兄弟舍宅为寺，武丘就是虎丘，其寺以剑池为界，分东西两寺。

题东武丘寺六韵

［唐］白居易

香刹看非远，祇园入始深。龙蟠松矫矫，玉立竹森森。
怪石千僧坐，灵池一剑沉。海当亭两面，山在寺中心。
酒熟凭花劝，诗成倩鸟吟。寄言轩冕客，此地好抽簪。

香刹，即佛寺。祇园，即佛教始祖释迦牟尼与佛教徒停居处，后来泛指佛寺。这首诗描写了东武丘寺环境清嘉幽僻，风景宜人，诗人饮美酒、发诗兴，并告知达官贵人可以在此地挂冠归隐。诗的第五、六两句暗含了东晋时的一个重要佛教典故——道生说法，顽石点头。"剑池"是虎丘的名胜之一，传说以吴王曾藏宝剑于池下而名，其"千人石"则是剑池前的大块磐石，可坐千人，传说生公（东晋末年高僧竺道生的尊称）曾在此讲《涅槃经》，讲至微妙处，顽石皆点头。高僧怎会对着石头讲经呢，岂非怪事？事情的缘由是这样的：竺道生在江南讲经期间，认为法显大师所译的六卷《泥洹经》不完整，还认为"一阐提人亦可成佛""一阐提人"是断了善根的人。当时佛教圈内都认为断了善根的人是不能成佛的，因此佛教人士就抨击竺道生，指其说为邪说，不合经义，并且群起驱逐他出僧院，各处寺院也不收容他。其说道生大师却坚持己说不谬。后来，他流浪到苏州虎丘山，没有人听他说法，他就对着一排巨石讲经说法，讲得非常精妙，顽石都连连点头。这排传说会点头的顽石，其中大部分都历经世代被偷盗抢走了，只有少数尚存。道生大师的"一阐提人亦可成佛"说，当时很受人攻击，直到后来高僧昙无谶译出了四十卷的《大般涅槃经》，传到了京师，经中果然有说"一阐提人"也可成佛，证实了道生之说完全符合佛家经典，于是佛教界才接受了道生观点，并欢迎道生返院讲经。道生后来成为一时深受崇拜的佛学权威，他讲经一直讲到七十九岁，死于讲坛师子座（佛教大师、最高地位的主讲人才可就坐的法座）上，堪称敬业！

涅槃佛性说与"顿悟"学说，本非竺道生首创，而是原来就有的佛教学说，道生大师却是在中土倡导此说的第一人。上述学说后来影响了六祖慧能大师的思想，并由慧能予以发扬，开拓了南禅之宗，又经法海禅师记录了慧能的法语，被后世称为《六祖坛经》；再经神会和尚大力发展，终于成为中国佛教禅宗。提起禅学，后人一定推崇六祖慧能大师与神会大师，当然也不能忽略道生大师的贡献。

我们再回到杜牧的《江南春绝句》，其中所写的"南朝四百八十寺"与一个皇帝有很大关系，他就是梁武帝萧衍。

南朝的梁朝是梁王萧衍篡夺了齐和帝的皇位而建立的。年轻时的萧衍与著名的文学家沈约、谢朓、范云等人并称"竟陵八友"，而后他领兵打仗，大破北魏的侵略军，立下战功；之后又协助齐和帝萧宝融诛杀昏庸残暴的东昏侯，成为匡扶南齐的重臣。至此，萧衍当算是个颇有作为的南齐官员，加之自己是南齐宗室，位高权重，享有很高的威望。但在这之后，由于沈约、范云等人的撺掇，加之自己日益膨胀的野心，萧衍最终逼迫齐和帝吞金自尽，假传圣旨禅位于己，最终成为僭越之君。为了巩固自己的统治，他软硬兼施、多管齐下：硬的如制定《梁律》、实施连坐等酷刑，以及对宗亲无情的杀戮；软的如大兴佛教。为了使百姓信仰佛教，他带头信佛，吃斋念经还不够，他还跑到同泰寺做和尚。皇帝做和尚，那国事怎么办？梁武帝到同泰寺做和尚做了四次（一说三次），大臣们为他赎身的钱就花了四亿多。同泰寺就是坐落在今天南京市中心的鸡鸣寺。

据史料记载，南朝鼎盛时期，仅建康一地寺庙就达七百余座。唐朝道宣在《续高僧传》的《义解篇·综论》谈到南朝梁时建康寺庙之况时写道："当斯时也，天下无事，家国会昌。风化所覃，被于荒服。钟山帝里，宝刹相临，都邑名寺，七百余所。"

梁武帝舍身同泰寺为僧的荒唐行径早已被雨打风吹去，经济发达、文化昌盛的梁朝在梁武帝去世后不久也被陈霸先所篡，陈朝仅仅过了三十余年被隋朝所灭，隋朝历经二帝便被唐朝所灭，真是"南朝四百八十寺，多少楼台烟雨中"。能像同泰寺那样在屡遭焚毁、屡次修建中顽强地保存下来的南朝寺院，而今还剩下多少？

颜之推的法无内外、同归于治

在中国，儒、道两家作为华夏文化的主体在思想观念上虽多有不同，但排他性较少，而包容性、调和性较大，吸收其他思想文化的能力较强。佛教自汉朝进入中国之后，为适应华夏文化的需要，用中国原有的思想解释佛教教义，积极地"中国化"。

两晋南北朝时道教渐兴，佛道之争渐起。同时，由于佛教在南北朝时因其宗教信仰之理论而日渐深入社会各阶层，特别对当时的士大夫影响颇大，儒家学者也颇多持三教调和之论者。其中最有代表性的人物当推信奉佛教的儒家学者颜之推。

颜之推，字介，琅邪临沂人，是南北朝时著名的音韵学家、文学家、教育家。颜之推出身于随晋元帝南渡的世族之家，为孔子得意门生颜回的第三十五世孙。他早传家业，博览群书，为文辞情并茂，得南梁湘东王萧绎赏识，十九岁就被任命为左常侍；后投奔北齐，历二十年，官至黄门侍郎。公元577年，北齐为北周所灭，他被征为御史上士。公元581年，北周为隋所灭，他又于隋文帝开皇年间被召为学士，不久因病去世。依他自叙，"予一生而三化，备荼苦而蓼辛"（《观我生赋》），叹息"三为亡国之人"。

他撰写的《颜氏家训》是他一生关于士大夫立身、治家、处事、为学的经验总结，在封建家庭教育发展史上有重要的影响，被称为"家教规范"。在《颜氏家训》的《归心》篇中，颜之推所说的"归心"即为归于佛心。作者生活的年代正是佛教极为流行的时期，又加上"家世归心"（颜家世代归心佛教），所以他严肃地告诫子孙"勿轻慢也"，不能对佛教抱轻慢、无所谓的态度。

当时社会上的人把佛教称为内教，把儒教称为外教，并且认为儒、佛二教原本是一体的。《归心》篇曰："内外两教，本为一体，渐积为异，深浅不同。内典（佛教徒称佛经为内典）初门，设五种禁；外典（佛教徒称佛经以外的书为外典）仁、义、礼、智、信，皆与之符。仁者，不杀之禁也；义者，不盗之禁也；礼者，不邪之禁也；智者，不酒之禁也；信者，不妄之禁也。"佛学作为内教，儒学作为外教，本来同为一体。经过演变，两者的教义就有了差异，境界的深浅也有所不同。佛教经典的初级阶段设有五种禁戒，而儒家经典所讲的仁、义、礼、智、信都与它们相符合。仁就是不杀生的禁戒，义就是不偷盗的禁戒，礼就是不淫乱的禁戒，智就是不酗酒的禁戒，信就是不虚妄的禁戒。颜之推指责那些皈依周公、孔子之道却违背佛教宗旨的人，感慨其如此糊涂。

颜之推相信佛教因果报应之说可以明白无误地加以验证。这类事，他耳闻目睹的是非常之多的，他认为有时报应之所以没有发生，或许是当事者的精诚还不够深厚，"业"与"果"还没有发生感应的缘故。倘如此，则报应就有早迟的区别，但或迟或早，终归会发生的。一个人的善与恶的行为，将分别招致福与祸的报应。

《归心》篇中他讲了三件体现"恶有恶报"的事。

第一件事是："梁世有人，常以鸡卵白和沐，云使发光，每沐辄二三十枚。临死，发中但闻啾啾数千鸡雏声"。说的是梁朝的时候有一个人，常常把鸡蛋清和在水里洗头发，说这样可使头发光亮，每洗一次就要用去二三十枚鸡蛋。到他临死的时候，只听见头发中传出几千只雏鸡的啾啾叫声。

第二件事是："江陵刘氏，以卖鳝羹为业。后生一儿头是鳝，自颈以下，方为人耳。"说的是江陵的刘氏以卖鳝鱼羹（羹是一种黏稠的浓汤）为生，后来他有了一个小孩，小孩长了一个鳝鱼头，从颈部以下，才是人形。

第三件事是："王克为永嘉郡守，有人饷羊，集宾欲宴。而羊绳解，来投一客，先跪两拜，便入衣中。此客竟不言之，固无救请。须臾，宰羊为羹，先行至客。一脔入口，便下皮内，周行遍体，痛楚号叫；方复说之，遂作羊鸣而死。"说的是王克任永嘉太守的时候，有人送他一只羊，他就邀集宾客来打算举办一个宴会。等把羊牵出来时，那羊突然挣脱绳子，奔到一位客人面前，先跪下拜了两拜，便钻到客人衣服里去了。这位客人竟然一言不发，坚持不为那只羊求情。一会儿，那只羊就被拉去宰杀后做成肉羹端了上来，那肉羹先送到这位客人面前，他夹起一块羊肉刚送入口中，就像是有毒素进了皮内，在全身运行，这位客人痛苦地号叫，方才开口说此情况。（这位客人）最后发出阵阵羊叫声死去了。

这三个故事都反映了佛教"因果报应说"和"不杀生"的教义。其实，儒家自古就有"君子远庖厨也"（《孟子·梁惠王上》）的说法，因为君子看见禽兽活着时的样子，就不忍心它们被杀掉；君子听见禽兽惨叫的声音，就吃不下它们的肉做成的菜肴。可见儒家和佛家都不愿意杀生，这是仁慈的人天生的善心。凡是有生命的东西，没有不爱惜它的生命的；好杀生的人，临死会受到报应，子孙连带着遭殃。

人不仅对其他生命应有好生之德，而且颜之推在《归心》篇中进一步向子孙指出，人生是非常宝贵的，千万不要虚度自己的生命。"死生亦大矣。"王羲之是站在反驳道家"齐彭殇""一死生"的立场上，强调活着与死亡都是重要的事情；颜之推则是站在佛教"三世之事，信而有征"的教义上，认识到人生的宝贵。他深信前生、近世、来生的事情是真实而又有证据的；还相信人的死亡是"形体虽死，精神犹存"。那些凡夫俗子们冥顽不灵，看不见未来之事，所以他们说一个人的来生、前生与今生不是同一个人。如果能够有一双透视未来的天眼，让他们通过它照见自己的生命在一瞬间由诞生到消亡，又由消亡到诞生，这样生死轮回、连绵不断，他们难道不感到害怕吗？所以，人出于对来世业报的怖惧，出于爱护自己不灭的灵魂，一定要好好地度过此生。

那么，如何过好此生呢？颜之推提出"君子处世，贵能克己复礼，济时益物"，即君子生活在这个世界上，贵在能够克制私欲、谨守礼仪、匡时救世、有益他人，作为管理家庭的人，就希望家庭能够幸福；作为治理国家的人，就希望国家能够昌盛。"汝曹若观俗计，树立门户，不弃妻子，未能出家，但当兼修戒行，留心诵读，以为来世津梁。"《归心》篇的这几句话更是万分恳切地教诲儿子们如果不能出家为僧的话，应当修养品性、恪守戒律，留心于佛经的诵读，把这些作为通往来世幸福的桥梁。

《颜氏家训》真正起到了教育子孙的良好作用。颜之推后代名士英杰辈出，有学问事功两不朽、注解《汉书》的著名学者颜师古（孙子），凭书法和仁义名重后世的唐代名臣颜真卿（六世孙），工于书法的颜勤礼（孙子）因为颜真卿（六世孙）所写的《颜勤礼碑》（《神道碑》）而扬名，颜杲卿（六世孙）因怒骂安禄山叛唐而被残杀，其忠节不屈的事迹被文天祥写进了《正气歌》，即"为张睢阳齿，为颜常山舌"，因而垂名久远。颜氏子孙深受《颜氏家训》的涵养，在操守与才学方面都有惊世的表现，足以证明其祖所立家训之效用彰著。及至当代，颜氏后人也活跃于各个领域，一千多年的家族传承绵延不绝。

儒家主张"道并行而不相悖"，道家主张"有容乃大"，佛教主张"三教同归"。三教调和，不仅利于修身、治家，而且利于治国。中国历史上的帝王多注意到儒道释并行有益于"治化"。

梁武帝萧衍一生酷爱佛教，曾经四次剃发出家，后被大臣们赎回，但仍设五经博士，并说："朕思阐治纲，每敦儒术。"（《梁书·武帝纪》），可见在其心目中，儒、佛并非不能相容，治国离不开儒术。

可当时天下分裂已久，政权更迭频繁。高门大族为了门户私计，为了保全自身，在改朝换代的过程中踊跃加入了政权更迭的政治投机，虽然不乏为前朝尽忠死报的忠义之士，但仅是少数。儒家的忠孝之道就这样崩溃了！面对这样的乱局，梁武帝审时度势，顺势而为，利用当时流行的佛教来恢复儒家的伦理纲常，使佛教成为思想统治的工具。比如梁武帝在建立梁朝之后，即下令大肆建造佛寺，两座最大的寺庙是以梁武帝父母的名义建造的大爱敬寺、大智度寺。梁武帝在寺庙建成后每月初一、十五亲自到佛寺做法事祭祀父母，这是以佛教为形式施行的孝行，和当时普遍信仰佛教的国民需求相契合，国家丧失许久的"忠孝"慢慢重建了起来。

除了利用佛教复兴儒家思想，梁武帝还采取了许多直接振兴儒家文化的策略，比如设置五经馆，招收全国各州郡所有寒门子弟学生，"五经"即儒家五经；还设置了国子学，让宗室贵族子弟入学修习儒家经典；又如下诏制礼，集全国有识之士，历十余年，为儒家"五礼"作注，制定"五礼"体系，"五礼"包括吉、凶、军、宾、嘉等五种礼仪，涵盖了国家、社会、个人生活的所有基本方面。

梁武帝在治国方面以佛教的修身、为善、为众生等理念启迪人民的心灵；用儒家的忠孝、礼仪等理念规范人民的思想和行为。当然，他自己也以身作则，严守戒律，慈悲为怀，勤政爱民。他虽晚景凄凉，饿死台城，然其在乱世中创下了近五十年的盛世，通过调和儒、佛取得的历史

五并行

功绩是不可抹杀的。

南北朝结束后，隋朝统一了北方和南方。数十年后，李唐又取代了隋朝。隋朝和唐朝的统治者都延续了梁武帝调和并行诸教的治国方略，如隋文帝杨坚在开皇元年闰三月下诏书曰："法无内外，万善同归，教有深浅，殊途共致。"唐高祖李渊也曾说过："三教虽异，善归一揆。"以此观之，盖"三教同归"均在"导民向善"。又如唐宗密的《华严原人论序》所言："孔、老、释迦皆是至圣，随时应物，设教殊途，内外相资，共利群庶，策勤万行……惩恶扬善，同归于治，则三教皆可遵行。"

三教并行中道先或佛先皆由崇道或崇佛之君主以定，然而君主无论崇道或崇佛，其所行制度离不开政治化的儒学思想的指导。唐太宗李世民虽给高僧玄奘以特殊的礼遇，但当玄奘要求对僧众不依俗法者行使教内处罚权时，太宗断然拒绝之。这是由于唐太宗深知要维持政权的长治久安仍必以儒家之礼教为基础。贞观二年，唐太宗曾对群臣说："朕今所好者，惟在尧、舜之道，周、孔之教。以为如鸟有翼，如鱼依水，失之必死，不可暂无耳。"

三教并行调和并不意味着三教势均力敌、地位均等，其中占主要地位的一直都是儒家思想，因为"（儒学）可以正君臣，明贵贱，美教化，移风俗，莫若于此焉。故前古哲王，咸用儒术之士"（《旧唐书·儒学传》）。同时，我们也要看到，儒家无论在春秋战国"百家争鸣"之时代，还是在以后的各朝各代中，大多是在与各派学说（学派）的争论、冲突中不断吸收其他文化以自养，不断地发展、更新自身。

东山再起的谢安

知识分子的理想是什么？是洁身自好，超凡脱俗，做个隐士，像葛洪、陶潜一样；还是从政当宰相、做帝王师，安社稷，济苍生，像管仲、晏婴一样？若能把这两种美好的理想都实现了，岂不是最高理想？历史上还真是有这类文人，比如东晋的谢安。

谢安，字安石（公元 320 年—公元 385 年），东晋名相，政治家、军事家、诗人、书法家，又称谢太傅、谢公。晋陈郡阳夏（今河南太康）人，吏部尚书谢裒第三子。谢裒有六子，即谢奕、谢据、谢安、谢万、谢石、谢铁。陈郡谢氏是东晋的上层士大夫阶层，第二等世族。最高世族是琅邪王氏，其家族代表王导、王敦，在奠定东晋皇业中实居首功。和陈郡谢氏地位大致相当的高门望族有：太原王氏（王浑、王济、王述、王坦之、王国宝）、汝南周氏（周浚、周颚、周嵩）、高平郗氏（郗鉴、郗愔、郗昙）、颍川庾氏（庾亮、庾冰、庾翼）、阳翟褚氏（褚裒、褚秀之）。东晋之世百余年，可以说是一部几大世族在相互制衡的情况下轮流执政的历史，这种轮替的关键因素之一就是看哪一个家族出现了众望所归的优秀人物。

谢安生活的年代跨越东晋成帝司马衍、穆帝司马聃、简文帝司马昱、孝武帝司马曜四朝。

成语"东山再起"在中国历史上家喻户晓，据《汉语成语大词典》解释，"东山再起"指隐居复仕或失势后重新得势，包含两种意思，其中的"隐居复仕"就是对谢安的主要人生经历的精确解释。

谢安姿容俊美、神态沉着，写得一手好行书，弹得一手好琴曲，善谈玄理。因为谢安年轻时就很有名气，时任扬州刺史的庾冰三请他做自己的幕僚，感动了谢安，但谢安初次做官，仅月余便辞了职，二十几岁就开始隐居在会稽郡山阴县（今绍兴上虞）东山的别墅里，一面承担着教育谢家子弟的重任，一面常与王羲之、孙绰、支道林等名士高僧游山玩水、吟诗作文。当时，谢氏家族中，谢安堂兄谢尚、哥哥谢奕、弟弟谢万都已取得了高官厚禄，得到了富贵，只有谢安还是平民，而谢安有隐居之志向，无出仕之心。

谢安东山蓄妓的韵事也传播得很广。唐代大诗人李白曾写《东山吟》一诗："携妓东土山，怅然悲谢安。我妓今朝如花月，他妓古坟荒草寒。"诗中，李白以隐居东山时期风流逍遥的谢安为同道，在追忆名士遗风之际流露出及时行乐的思想。

那么，为什么谢安隐居东山多年，在四十余岁的时候竟然复仕，从而给后人留下了"东山再起"的成语呢？他这样做有两方面原因，其中的一方面是因为此时谢氏家族朝中人物尽数逝去，而仅存的谢万又不太争气。

谢万，字万石，谢安之弟，很有才气，但不是统兵作战的材料。由于家族的关系，谢万仕途通达，先任辟司徒府掾吏，后迁右西曹属，升平二年（公元358年）八月接替大哥谢奕为西中郎将、持节、督司豫冀并四州军事、豫州刺史，并领导北伐，但终失败而还，被废为庶人。

士族的高贵虽然在根本上由血统决定，但仕宦对士族的社会地位有重要的意义。士族——尤其是世家大族，由于其势力根基深厚，固然能一直受人尊崇，但如果接连数代出现仕途滞涩，即使不至于彻底沉沦，对保持他们的声望和优越地位也会带来损害。士族的成员依赖家族的力量获得个人的利益，家族越是兴盛，个人的机会越多。试想，如果没有早年谢氏家族势力处于稳定的状态，谢安又何以矜持自重，满足心愿，优游山林十几年？试想，如果没有谢安四十余岁复仕做官，谢氏家族恐怕就不能跻身于最高等世家大族之中，与琅邪王氏并列，谢家子孙也不能得到日后诸多的发展机会。谢安正是清醒地认识到了个人理所当然对家族负有各种义务，加之谢万的轻率导致的大祸很可能毁坏整个谢氏家族，所以谢安能断然改变自己的人生志向，随即结束隐居而出仕。个人的进退荣辱这时已没那么重要，作为谢氏家族中当时唯一能够担当重任的人物，他必须挺身而出，拯救宗族的颓势。

谢安复仕，另一方面是为国家的形势所逼。当时，氐族人苻坚统一北方，正准备亲率八十万大军南下征战长江流域，进一步统一中国。谢安的出山还出于这一重要的原因。作为贵族中的有识之士，他既是爱家的，也是爱国的。对他而言，既然享受着这个士族社会给他带来的快乐，就必须为这个社会献出自己的才智，担当起拯救它的责任。

南朝刘义庆的《世说新语》里道：谢公在东山，朝命屡降而不动。后出为桓宣武司马，将发新亭，朝士咸出瞻送。高灵时为中丞，亦往相祖。先时，多少饮酒，因倚如醉，戏曰："卿屡违朝旨，高卧东山，诸人每相与言：'安石不肯出，将如苍生何？'今亦苍生将如卿何？"（《世说新语·排调第二十五》）这一段讲谢安在东山隐居，朝廷多次下令征召他出仕，他都不应命。后来谢安出任桓温的司马，朝中的官员都来新亭送行。高灵当时任中丞，也前去给他饯行。高灵多少已经喝了一些酒，就借机装醉，开玩笑（对谢安）说："你屡次违抗朝廷旨意，在东山高枕无忧地躺着，大家一起交谈的时候说：'安石不肯出山，天下百姓将怎么办？'现在你出山了，百姓将对你怎么看呢？"

《世说新语》中的记载反映了当时人们对谢安出山的看法，人们普遍认为谢安是为天下苍生计而出山的，百姓和士大夫们都持这种看法。这就是谢安东山再起的第二个原因。

东晋太元八年（公元383年），前秦苻坚以倾国之力南犯，谢安身为宰相，负责全局的军事部署，其侄谢玄在前线直接指挥作战，最终率八万北府兵在淝水击溃前秦的八十万（号称）大军，大获全胜。在国之危亡、家之存亡系于一战的时候，谢安正在别墅里跟人下棋。

《世说新语》中是这样写的："谢公与人围棋，俄而谢玄淮上信至，看书竟，默然无言，徐向局。客问淮上利害，答曰：'小儿辈大破贼。'"意色举止，不异于常。（《世说新语·雅量第六》）淝水之战是关系东晋存亡的生死之战，捷报传来的时候，谢安不动声色，依然专注于对弈，不得不让人对他淡定的气度感到钦佩。《世说新语》把这件事收录在"雅量"篇，是把谢安当作"雅量"的典范人物。"雅量"是器量的美化说法，是一种以宽豁的胸怀与镇定的态度对待一切的人格修养。《道德经》中提到"得之亦惊，失之亦惊"，如此"宠辱皆惊"是人生大害。"雅量"的根本在于坚守对自我的期许，人可以、也应该做一个他所期望的自己。这样，无论在何种情况下，他始终都不会表现出忧虑、害怕或欣喜、兴奋的情绪；无论在何种情况下，他都会表现出以淡然的态度对待轻慢、以淡然的态度对待尊荣。

"雅量"是魏晋时代的文人们普遍追求的理想人格，谢安在经历重大危机、获得非凡成功的时候表现出了人格修养的过人之处，受到当时和后代人们的崇仰。

淝水之战大胜致使前秦一蹶不振，为东晋赢得了几十年的安静与和平。可惜的是，两年后，即公元385年，六十六岁的谢安病卒于京师

儒道释会通的人

建康。

《礼记·大学》开篇曰："物格而后知至，知至而后意诚，意诚而后心正，心正而后身修，身修而后家齐，家齐而后国治，国治而后天下平。"意思是通过对事物的认识、研究，才能获得知识；获得知识后，意念才能真诚；意念真诚后，心思才能端正；心思端正后，才能修养品性；修养品性后，才能管理好家庭、家族；家庭、家族管理好了，才能治理好国家；国家治理好后，天下才能太平。儒家人的最高目标是成为"圣人"，上述这段文字正是揭示了达成这一目标的途径——内圣外王。以此观之，谢安始终如一地坚持修养人格、放弃个人喜好而担负起家族的责任和天下的兴亡，救天下黎民百姓于外族屠戮的危难，他的人生堪称生动地实践了如何成为一个儒家的"圣人"。

老子主张："上善若水""水善利万物而不争"。老子以水喻人生，认为最高境界的善人应该像水一样，具备水的所有善性，有容纳百川的度量，有善利万物而不为自己争名争利的品格。以谢安世家贵公子的出身条件，仕宦必定通达，可他淡泊世俗的富与贵，喜爱恬淡自由的生活，在渐掌东晋政权、淝水大胜、个人名望达到顶点之后，完全没有像王敦、桓温那样凌驾于朝廷之上，始终以国家利益为先而以谢氏家族利益为后。谢安以儒道互补的方法治国，公平无私；察觉到晋孝武帝司马曜嫉妒自己的声望后，主动要求离开京城做地方官，以避免君臣矛盾。老子提出的"上善若水"人生哲学的内在要求："居善地，心善渊，与善仁，言善信，正善治，事善能，动善时"，以谢安一生行事来看，也称得上是做到了。

故而，无论以儒家思想还是以道家思想来衡量谢安这个人物，他都可以获得极高的评价。他的一生，在古人眼中堪称完美，令人羡慕，更令人尊敬。

柳宗元

『统合儒释』的蓑笠翁

柳宗元是中唐时期的一位思想家，他兼通三教，主张"统合儒释"，其诗文流传甚广，对中国思想史、文学史产生了很大的影响。

柳宗元，字子厚，山西河东人。河东柳氏是名门望族，当时柳、薛、裴被并称为"河东三著姓"，但到了唐高宗永徽年间，柳家屡受武则天的打击迫害，到柳宗元出生时，其家族已衰落。柳宗元的曾祖、祖父也只做到县令一类的小官，其父柳镇在玄宗天宝末年曾做过太常博士，安史之乱后又继续为官，官职一直很低。柳宗元的母亲卢氏出身于著名的士族范阳卢姓，但家道早已没落。柳宗元是家中独子，身为柳氏家族一员，尤其作为家中独子，他自觉地担起了通过读书做官重振柳氏家族的人生使命，始终有强烈的建功立业的渴望。

柳宗元小时候聪明机警、超群出众，尤其精通西汉的文章和《诗经》《离骚》，落笔成文，可与古人相匹敌。他二十岁考中进士，二十五岁一次通过了博学鸿词科考试，被授予校书郎、蓝田（今陕西）县尉的职务。唐德宗贞元十九年（公元803年），三十岁的柳宗元任监察御史。此时

儒道释会通的人

的柳宗元少年得志，仕途顺畅，用"春风得意马蹄疾，一朝看尽长安花"来形容也不为过。

唐顺宗即帝位后，王叔文、韦执谊掌权，特别看重柳宗元，将他和吕温（柳宗元的表兄）悄悄引入禁宫之中，和他们商议大事，柳宗元又转为尚书礼部员外郎。唐顺宗永贞年间，在王叔文、王伾两位朝廷重臣支持下，柳宗元、刘禹锡等一群有志青年以匡扶社稷、安邦济国为己任，发动了历史上有名的"永贞革新"。可惜唐顺宗仅做了八个月的皇帝就被迫让位给皇太子李纯，这场如火如荼的改革以失败而告终。公元805年，发生了"二王八司马"事件，柳宗元被贬为邵州（今湖南省邵阳市）刺史，在赴任途中又被贬为永州（今湖南省永州市零陵区）司马。

这一年，柳宗元三十三岁。三十三岁是柳宗元人生的分水岭。元和十年（公元815年），柳宗元被移作柳州（今属广西壮族自治区柳州市）刺史。元和十四年（公元819年）十月初五，柳宗元去世，终年四十七岁。

"千山鸟飞绝，万径人踪灭。孤舟蓑笠翁，独钓寒江雪。"柳宗元在永州期间的作品《江雪》，虽短短四句，却是"人境俱夺"之绝唱，深深地体现了诗人崇儒向佛的思想，以及由此构成的禅机理趣。

"千山鸟飞绝，万径人踪灭。"这是一个空寂的自然空间。千山万壑不见一鸟，万路千径没有一人。首起二句空空如也。在诸多诗人的笔下，鸟是自然中的灵动的生命，它可以打破寂静、增添风情，使自然界获得蓬勃的生机。人也是自然中的生机，万千气象正因为有了人的活动才显现出蓬勃的诗意。

佛法中有丰富的辩证法因素，如明与暗、有与无、色与空、生与灭等等重要的对立的范畴。"绝""灭"看似写"无"实则含"有"，这极目无尽的空寂世界中涌动着涵盖万有的精神内涵。

《江雪》中"千山鸟飞绝"并非千山之中果真无飞鸟，山中肯定有鸟，只是此刻"蓑笠翁"眼中无鸟；"万径人踪灭"，也并非万径果真没有一人行走，而是此刻"蓑笠翁"意中空无一人。由此可见，这两句抒写的是诗人的主观感受，运用的是"以情造境"的艺术方法。

后两句"孤舟蓑笠翁，独钓寒江雪"写近景。江上，船仅有一只，所以说"孤舟"；人只有一个，所以说"独钓"。最后点出"雪"，这个"雪"字包容全篇，是点睛之笔。就这样，在这样一个被严寒统治的世界里，与严寒相对立的"蓑笠翁"形象得到了凸显，他毅然在江边垂钓，其"孤""独"的境界令人动容，令人遐想。

"蓑笠翁"是此诗的主体和灵魂，使得诗歌所静心营造的空寂寒冷世界顿时获得了一种生命的活力，"钓"这个动词是诗歌主体——"蓑笠翁"发出的，这个动作在动中蕴含着静，在生机中蕴含着恒定，"独钓"之"独"与"孤舟"之"孤"相呼应，蕴含着主体对理想的生命境界的执念。柳宗元的一生坎坷而短暂。他是一个政治家，也是一个有独立人格的文人，执着不屈正是他的人格内核。柳宗元年轻时有"以兴尧、舜、孔子之道，利安元元为务"（柳宗元《寄许京兆孟容书》）的宏大理想，他与刘禹锡、韦执谊、韩泰、陈谏、韩晔、程异、凌准等人打击宦官势力、革除弊政、停止苛征，使得"市里欢呼""人情大悦"，这场仅持续了一百四十六天便夭折了的"永贞革新"充分彰显了柳宗元、刘禹锡等中坚力量本着一腔渴望中兴唐朝的热血，积极作为、知其不可为而为之的儒家精神。

"永贞革新"不久后，王伾病死，王叔文于第二年被赐死，柳宗元等革新集团的中坚分子全部被贬谪至边远地区任司马。当年他处要津居要位时，"一时皆慕与之交。诸公要人，争欲令出我门下，交口荐誉之"，可一旦被废为"囚籍"，柳宗元就倍感世态炎凉：昔日的"朋友"纷纷离去，"交游解散，羞与为戚，生平乡慕，毁书灭迹"。在柳宗元流放永州的头五年里，"未尝有故旧大臣，肯以书见及者"，没有书信，没有问候与关切，只有沉默与冷漠。柳宗元被唐宪宗贬逐到千里之外，但朝中政敌对他的攻击一点也没有减少，"自遭斥逐禁锢，益为轻薄小儿哗嚣，群朋增饰无状"。朝中政敌甚至肆无忌惮地对他进行诽谤与中伤，"骂先生者不忌，陵先生者无谪"。怪不得他在《永州八记》首篇《始得西山宴游记》中，第一句便写道："自余为僇人，居是州，恒惴栗。"

这场仕途和人生的大变故，给柳宗元的心灵带来了巨大的伤痛。面对这"千里冰封，万里雪飘"的现实世界，他以"蓑笠翁"的形象在诗境中出现，"蓑笠翁"的"孤舟""独钓"是对凛冽肃杀的社会无言的反抗，是"不更乎其内""至死不服"，在其哀怨悲凉的心境深处，不改的是儒家"修身、齐家、治国、平天下"的信心和向往。

诗人对"蓑笠翁"的描写不注重外在形迹，而注重内在心迹，意图在于体现佛教禅宗所推崇的"定境"，定方能静，静方能慧，慧方能悟宇宙之"实相"、摆脱人生的烦恼。那么"实相"究竟是什么？"实相"便在"千山鸟飞绝，万径人踪灭"所描绘的佛家"空境"中。"绝""灭"体现了无与空；而"千山""万径"则是有与色（物质）。"千山""万径"的有之多，更凸显无与空之大。在这两句话中，有与无、空与色交相辉映：有、色凸显无、空，无、空也凸显有、色，因至有而至无。再者，从佛教缘起论角度来看，"诸行无常，诸法无我"。佛教认为包括有情众生在内的世间万象都处于连续不断的刹那生灭过程中，没有常住不变的自我本性，凡有生者必有灭，从生起的一刹那起便伴随着对自我的否定，故一切诸法皆归于"寂灭"，即"涅槃"。"蓑笠翁""独钓寒江雪"，遗世独立又浑然忘我，忘物忘我，乃臻于空境。

从佛教境界上讲，《江雪》肯定涅槃寂灭，注重缘起性空，空色无二，符合佛理，这使得它广泛地为禅林所接受，后世常被化用为偈句颂词，作为高僧上堂说法的工具。例如，清朝蕴上禅师撰《鄂州龙光达夫禅师鸡肋集》曰："值雪小参：琼铺宇宙，玉砌乾坤，处处呈普贤境界，头头露舍那全身，情与无情，一寒彻骨。他方此界，水冻冰生。正恁么时：

千山鸟飞绝，万径人踪灭。孤舟蓑笠翁，独钓寒江雪。遂以杖作垂钓势云：众中莫有不顾危亡底么？众无对。乃云：过也，过也。便下座。"《嘉兴大藏经》有记载，蕴上阐师先以《江雪》印证眼前的雪景，然后借助手杖作垂钓的姿势，引出一问一答以告诫众人应该破除一切执著。

　　唐王朝的文化风气开放，吸收了各种文化成分，以至佛教在传入中国六百年后形成了蔚为壮观的中国化佛教——禅宗。唐朝文人几乎人人佛儒兼顾，王维号称"诗佛"，一生酷爱禅理。"明月松间照，清泉石上流。"（《山居秋暝》）"木末芙蓉花，山中发红萼。涧户寂无人，纷纷开且落。"（《辛夷坞》）他的这些诗句以禅理入诗境，均是诗人以"空寂"的禅心观照世界的意象，然而，诗人又反对趋向绝对的空无和死灭，那明月皎洁的光亮、辛夷花猩红的色彩和山泉潺潺的流动声、辛夷花开落的动态声息，使人感到空寂中仍有生命的闪烁。

　　柳宗元受时代的影响也入禅甚深，自曰："自幼好佛，求其道，积三十年。"（柳宗元《送巽上人赴中丞叔父召序》）他把佛理与儒家主体精神合二为一，空灵禅定作为精神的支持和安慰伴随他度过了孤寂失望的一生，"统合儒佛"也成了柳宗元艺术思想的核心。柳宗元晚年还作过一首诗《渔翁》："渔翁夜傍西岩宿，晓汲清湘燃楚竹。烟销日出不见人，欸乃一声山水绿。回看天际下中流，岩上无心云相逐。"这首诗文笔外枯中膏、似淡实美，蕴含了佛家的性空思想，表达了柳宗元对世事的"无心观"，即不执著的自由超然境界。

　　公元815年，四十二岁的柳宗元、刘禹锡等人终于接到了朝廷让他们回长安的诏书。可是，回去不到一个月，脚跟还没站稳，由于刘禹锡写了一首观花诗，惹下莫须有的祸，他们再次被贬。柳宗元被贬作柳州刺史，刘禹锡被贬作播州刺史，播州比柳州路途更遥远、地方更荒芜。柳宗元看到诏书后想到刘禹锡母亲年事已高，如果母子同行则其母势必有去无回，若子行母不行则势必母子永诀，于是，他立刻向朝廷写了奏章请求将自己的柳州刺史与刘禹锡的播州刺史职位对换。这件事由韩愈记载在《柳子厚墓志铭》中。柳宗元这个人，对朋友如何真心实意、掏肝挖肺，由此可窥一斑。公元 819 年 11 月 28 日，柳宗元病死在柳州，享年四十七岁。柳宗元在柳州短暂的四年间，以他瘦弱的身躯，为柳州各族百姓操劳，不让岁月虚度。他释放奴隶、种树垦田、清理街衢、修复孔庙、大开当地文化风气、传播中原先进的文化知识、用佛教不杀生的思想改革当地落后的巫神习俗，在柳州百姓的心目中，柳刺史政绩卓著。为了感怀他的恩德，在他死后，柳州人在罗池旁修建了罗池庙（今叫柳侯祠）来纪念他。

柳宗元思想的深刻性正在于他尊儒向佛。他"以兴尧、舜、孔子之道，利安元元为务"的抱负虽然没有实现，但他意志坚强，一生奋斗不息，在艰难困厄的境遇中，以卓越的才华和巨大的努力创造出光辉的业绩，实现人生的价值，给后人留下了巨大的精神财富。同时，他又是一位对佛理有深刻领悟的思想家，心智洞察色空之理，努力用佛理来斩断尘世的纷争和烦恼，不执著于现象之实有，保持心理上的沉静和愉悦。柳宗元信佛教，在被贬谪后依然不改报效国家、关怀黎民的志向，"统合儒释"是他一生践行的主张。

六 融通

周敦颐的『无极而太极』

南宋宁宗时，朝廷为了提倡道学，先后为朱熹、周敦颐等人追赐谥号，其中周敦颐为元公，程颢为纯公，程颐为正公，张载为明公，朱熹为文正公。"元"有"始""首"的意思，这个谥号表彰了周敦颐道学开创者地位。其实，这个"元"字也暗合了濂溪先生对宇宙本源的追索。

儒家思想经历了八代之衰和唐代的复兴之后，一直没有能与佛道相抗衡的宇宙本体论思想。而周敦颐《太极图说》中的"无极而太极"，以一种援佛道入儒的姿态，为儒学建立了系统而独创的宇宙发生理论。

古人非常重视学术的师承关系，对于周敦颐宇宙观的思想来源，有不同的说法。

据史料记载，周敦颐年轻时与鹤林寺的寿涯禅师多有往来，曾向他学习。"茂叔尤依寿涯，读书寺中，每师事之，尽得其传焉。其后二程之学本于茂叔，皆渊源于寿涯云。"《鹤林寺志》中的这段话强调了北宋道学肇始阶段的佛家渊源。黄宗羲在《宋元学案·濂溪学案》中还记载了周敦颐从寿涯禅师那里得到的"先天之偈"，诗云："有物先天地，无形本寂寥，能为万象主，不逐四时雕。"偈中说所先于天地、无形而寂寞的东西，与茂叔所谓的"无极"类似；而偈中说其能为万物之宗，又与"太极"有异曲同工之妙。濂溪先生自己也说："吾此妙心，实启迪于黄龙，发明于佛印。然易理廓达，自非东林开遮拂拭，无由表里洞然。"(《居士分灯录》)他将自己在学术上的突破归功于黄龙派祖心禅师、高僧佛印和东林寺常总禅师。

此外，周茂叔的太极图与北宋著名道士陈抟的无极图也有关联。陈抟酷爱读《易》，精通术数。相传无极图最初的来源是道教神仙钟离权和吕洞宾，经陈抟之后又辗转几人才到了周敦颐手里。比较一下太极图与无极图，我们可以发现自上而下的图形排列近乎一致，只是太极图在标注文字上弱化了道教修仙的意味，更加简洁地表达了对宇宙生化万物的形而上的思考。

周敦颐用《太极图说》表达了自己对这张图的理解。我把这篇短文的前半部分引在这里，读者可以将这段文字与太极图参照起来阅读（《太极图说》的后半部分将在下一节详述）。

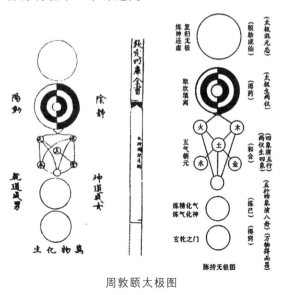

周敦颐太极图

无极而太极。太极动而生阳，动极而静，静而生阴，静极复动。一动一静，互为其根。分阴分阳，两仪立焉。阳变阴合，而生水火木金土。五气顺布，四时行焉。五行一阴阳也，阴阳一太极也，太极本无极也。

　　五行之生也，各一其性。无极之真，二五之精，妙合而凝。乾道成男，坤道成女。二气交感，化生万物。万物生生而变化无穷焉。

　　"太极"的概念在儒家经典中本已有之。《易传·系辞上》说："易有太极，是生两仪，两仪生四象，四象生八卦。"郑玄将"太极"注为"淳和未分之气也"，是未分化、未具备形象的气。

　　而"无极"则多见于道家典籍。陆象山直指周敦颐的"无极"取自道家："老氏以无为天地之始，以有为万物之母，以常无观妙，以常有观徼，直将无字搭在上面，正是老氏之学，岂可讳也。"（黄宗羲《宋元学案·象山学案》）实际上，茂叔的"无极"与老子所说的"无"有微妙的差异。在老子那里，"天下万物生于有，有生于无"（《道德经》第四十章），可知"无"是先在的，是"有"的前提。元代杜道坚所撰的《道德玄经原旨》从这个意义上解释了"无极"和"太极"："太极乃物初浑沦之太一，无极乃太极未形之太虚。"而在周敦颐这里，"无极"和"太极"是同一的，"五行一阴阳也，阴阳一太极也，太极本无极也"。从这句话还可以看出，"太极""阴阳""五行"并非时间序列上的化生关系，而是逻辑上的派生关系。再看太极图，阴阳动静的上方只有一个符号，而非"无极""太极"各一个图形，这个空白的圆圈代表的就是"无极而太极"，它是万物多样性的源泉，但本身没有具体特性。

　　另一方面，道家说"无极"强调的是事物最初的质朴状态，与"婴儿""朴"是类似的。这种混沌未化的状态既是宇宙的源头，也可以看作事物的最高境界，正如《道德经》（第四十一章）"大音希声，大象无形"。道家以回归这种质朴本真的状态作为人生的理想，如"常德不忒，复归于无极"（《道德经》第二十八章），"入无穷之门，以游无极之野"（《庄子·在宥》）。而周敦颐谈"无极而太极"，是为"圣人定之以中正仁义而主静，立人极焉"奠定了本体论的基础。换而言之，人作为天地间最灵秀者，无疑禀受了宇宙的最高准则，圣人所说的仁义是宇宙最高准则的一种表现形式，从而也就具备了先验的真理性。在周敦颐之前，儒家只是用"天道""乾元"等模糊的概念来表示天地间的最高准则，而周敦颐将之系统化了。

宋明理学的集大成者朱熹高度评价了"无极而太极"的理论意义，《朱子复梭山第一书》中记载："《太极》篇首一句，最是长者所深排。然殊不知不言无极，则太极同于一物，而不足为万化根本。不言太极，则无极沦于空寂，而不能为万化根本。只此一句，便见其下语精密，微妙无穷。"朱熹认为"无极"与"太极"缺一不可，如果不说"无极"，那么"太极"只是普通的事物，少了化生万物的无穷可能性；如果不说"太极"，那么"无极"就沦为了虚无，而不能成为万物的根本。

但是朱熹却不愿承认《太极图说》的释老渊源。朱熹认为周濂溪的学说"不由师传，默契道体，建图属书，根极领要"（《宋元学案·明道学案》），是在研习儒家经典的基础上独创而成的。朱熹之所以特别强调茂叔学说的原创性，是出于维护儒家学说正统地位的需要，更何况周敦颐在师承关系上也是宋明理学的源头。"元公崛起，二程嗣之，又复横渠（笔者注：横渠先生即宋代思想家张载）诸大儒辈出，圣学大昌"（《宋元学案》），程颐、程颢分别是理学与心学的奠基者，他们皆受业于周濂溪。包括朱熹在内的许多宋代学者都沿用了周敦颐提出的一些观点或概念。

颇为微妙的是，朱熹在继承发展"太极"的概念时，也借用了佛教的一些说法来诠释自己的思想。朱熹认为"太极"不仅是宇宙万物的"理"

的总和，而且同时内在于万物的每个种类的个体之中。"在天地言，则天地中有太极；在万物言，则万物中各有太极。"（《朱子语类》卷一）万物中各有太极，并不意味着太极分裂了，万物中的太极也是完整的。这就好比"月印万川"，天上只有一个月亮，但江河湖海中都能看到一个完整的月亮。这个譬喻是佛家常用的，用来解释宇宙万物存在变化的原因。

周敦颐不仅以援佛道入儒的方式创立了儒家的宇宙发生理论，也通过借鉴佛老学说为宋代儒家的性情修养理论奠定了基础。

程颢、程颐的父亲在南安见到周敦颐时觉得他气度不凡，就让两个儿子跟着他学习。程颢说："自再见周茂叔后，吟风弄月以归，有'吾与点也'之意。""吾与点也"的掌故见于《论语》，说的是孔子让子路、曾点、冉有、公西华谈谈自己的志向，子路、冉有、公西华说的都是为官治国方面的理想，而曾点则说想在暮春时节，与五六个成年人、六七个少年在沂水边洗洗澡，在舞雩台上吹吹风，然后唱着歌回来。孔子长叹一声说："我赞同曾点的想法啊！"不难看出，曾点描述的是一个贴近自然、身心和谐的场景，但孔子何以赞叹这样的志向，历来有不同的理解，甚至有人认为其中体现的是道家思想。周敦颐带着学生"吟风弄月以归"，表现出他对曾点所描述的人生状态的向往，也能从侧面印证他的性情修养理论。

《太极图说》的后半部分说的是"太极"在灵秀的人类身上的体现，

其中提到："圣人定之以中正仁义而主静，立人极焉。"周敦颐自己经常践行这种"主静"的性情修养方法。《读易象》这首诗描述了周敦颐静修时获得的玄妙体验："书房兀坐万机休，日暖风和草色幽。谁道二千年远事，而今只在眼前头。""兀坐"就是端坐、静坐，这种方式不仅使作者从繁杂的事务中解脱出来，还能将心灵与宇宙打通，达成个体生命与自然的统一，从而获得超越时空的天地大观。正所谓"圣人与天地合其德"（《太极图说》），茂叔本人已经接近了这种天人合一的境界。

为了避免人们将"静"误解为"安静"或"不动"，周敦颐将他所说的"静"解释为"无欲"，这样"静"就由描述事物表象的概念深化为描述人内心的概念。周敦颐在《通书》中说"无欲，则静虚动直"，"动直"就是按照人的自然本性去行动。我们可以借用《孟子》中的一个例子：当人看到小孩坠井，会下意识地去施救，这是人的恻隐之心，是人天然就有的善端。周敦颐认为，摆脱私欲才能让人的自然本性不被遮蔽。我们可以想象，如果一个人光想着名利，那么救人这个行为的动机就会扭曲为收取报酬或者获得荣誉；如果这个人被个人恩怨蒙蔽了双眼，他就可能因为落井的是仇人的孩子而不去拯救。所以"无欲"才能"动直"。

周敦颐的这套性情修养理论是有传统儒家渊源的。孟子曾提出"养心莫善于寡欲"（《孟子·尽心下》）。濂溪在《养心亭记》一文中对孟子此说表示赞同，并说"盖寡焉以至于无。无则诚立明通。诚立贤也，明通圣也。"意思是通过减少欲望能达到"诚""明"的效果，最终实现成为圣贤的人格理想。摆脱私欲，才有可能使个体意识与天地接轨，才能自内而外地理解"太极"。所以"主静"是"立人极"的途径。

无论是"静"还是"无欲"，都能从中看到佛家和道家对周敦颐的影响。老子特别推崇静虚的生命状态："致虚极，守静笃；万物并作，吾以观复。"（《道德经》第十六章）老子认为，当人处于宁静空明的状态时，就能排除内心的私欲和外界的干扰，从而以道眼观察万物的生长和循环往复。周敦颐认为"主静"可以实现"与天地合其德"，与老子这段话的意思非常接近。而佛教对周敦颐的影响更大一些，除了"住于静处，端坐正意"的禅定法门之外，佛教经典也给了他很大的启发。茂叔深入研习过《法华经》，他认为整部《法华经》可以用《周易》中的艮卦来概括。《象传》对艮卦的解释是"艮，止也。时止则止，时行则行。动静不失其时，其道光明。"可见，周敦颐认为"静"是佛教义理的精髓，此处的"静"不是一味不动，而是适时而动，顺其自然。

我们发现，儒道释三家都认为"主静"能让人回归自然本性，并使得个体心灵与宇宙万物相通，但是周敦颐提出的"立人极"将他的学说与佛老学说区别了开来。佛道的静修其实是同自己内心对话，弃绝外界对精神世界的干扰，从而获得逍遥与解脱，而儒家的静修则是从"小我"升华为"大我"的过程。诚然，宋以后的佛教特别关注日用常行，"世间法则佛法，佛法则世间法"，但"砍柴担水"是佛家妙悟的起点而非终点；而宋儒虽比传统儒家更爱谈论心性，但人伦世界仍是其学说的具体语境。"主静立人极"实际上是指通过个人的修养功夫不断自我提升、自我实现，从而达成儒家"君子"乃至"圣人"的人格理想。

这种人格理想具体化为"莲"的意象，出现在周敦颐的晚年生活和文学作品中。周敦颐在四十七岁时写下了脍炙人口的《爱莲说》。五十五岁时，他到江西星子县任南康知军，在军衙东侧开挖了一口池塘并种上莲花。他在公事之余，常呼朋唤友前来塘边品茗赏莲。

《爱莲说》寥寥百余言，且无一"静"字，却可以看作是"主静立人极"的上佳注解。"出淤泥而不染，濯清涟而不妖"，无欲也；"中通外直"，静虚动直也；"花中君子"，立人极也。

也有不少学者认为此文是周敦颐受佛学影响的产物。钱钟书先生认为《爱莲说》"有拾彼法牙慧之嫌"。《中国思想史》对《爱莲说》评价道：

"在《爱莲说》中，周敦颐极力赞美莲花……但这并不只是从审美的角度赏花，而是展露他那思想深层的佛学因缘。"众所周知，莲是佛教中的重要圣物。相传释迦牟尼诞生时即能行走，步步生莲；佛陀和菩萨的塑像常在莲花座上；《华严经探玄记》中说莲花"在泥不染""自性开发"，譬如法界真如"在世不为世发所污""自性开悟"。这样看来，《爱莲说》中的莲花形象确实是脱胎于佛教中的莲花形象。

但我们仍旧可以说，周敦颐在兰、竹、松等意象之外，为儒家的"君子"增添了一个全新的形象。结合周敦颐的学说，我们可以这样来理解"出淤泥而不染"：如果"莲"代表君子的精神世界，"淤泥"代表外物，那么君子跟外物并不是完全隔绝、对立的，而是在与外界的充分互动中自我超拔、洁身自好。周敦颐将君子所爱的莲花与陶渊明所爱的菊花，以及众人所爱的牡丹并举，其用意就是告诉人们，君子既不同与出世的隐者，又能保持独立的人格——这就是"望之俨然，即之也温"的儒家人格的写照。

周敦颐的"主静立人汲"将精神修养方法纳入自己的理论体系当中，这在儒家学说中是具有开创性的。后来的儒家学者为了将这种修养方法与佛家观念彻底区分开来，用"敬"代替了"静"的提法，如程颐提出的"涵养须用敬，进学在致知"。"敬"字有着更为鲜明的主观意味，同时也更加强调人伦关系的话语背景。

苏轼『永恒与短暂』的宇宙人生意识

元丰五年农历七月十六日，水月笼罩着的一叶扁舟独立于黄州赤壁下。舟中是因乌台诗案被贬黄州的苏轼及其道士朋友杨世昌等人。当时，杨世昌望着眼前的山川水月，忽念及自然长存而生命有限，不由生发人生苦短的愁绪。苏轼以近取譬，用水月的盈消彼长开导对方。这番颇具哲理意味的对话后来被苏轼记录在了他的传世之作——《前赤壁赋》中。苏轼在舟中所提出的"水月之辨"这一哲学命题，不仅表现出他性格中一以贯之的乐观旷达，而且向读者展现出了他那独到宇宙人生意识中的佛老因子。

"水月之辨"命题带有鲜明的佛老色彩。一方面，"水""月"是两家著作中的常见意象：《道德经》中有"上善若水"之说，以水譬善；《庄子·秋水》中通过河伯与海神的对话讨论如何认识外物；"月"在《庄子》中也常与"日"并举。在佛教中，则有"水月镜花"之说。而且"水""月"意象也往往用于说理，前者常喻指佛理中的空有、人生无常、佛性和自性洁净等，后者则常用以喻指自性、时间等。

另一方面，"水月之辨"命题中蕴含着道家和佛教的相对主义观。

在苏轼看来，以水、月为代表的自然兼具"变"与"不变"的特征。水昼夜流淌不息，月盈虚变化不止，这是"变"；但水并未因此而流尽，月也未尝因此而增减，这是"不变"。人亦如是。个体自然人诚然因有限的生命而呈现出易"变"的一面，但若从群体的角度出发，人类繁衍生息、绵延不绝的现实，却又使人的生命表现出了"不变"的特征。

这一认识显然带有庄子相对主义哲学的色彩。苏轼与庄子在思想上颇有共鸣，他早年读《庄子》时就心有戚戚，"吾昔有见于中，口未能言，今见《庄子》，得吾心矣"。(《亡兄子瞻端明墓志铭》)在庄子的哲学思想中，世间万物皆相对，同一事物中同时存在着有无、大小、然否、美丑、善恶之类的相对概念。《秋水》中的河伯相较于百川是大，可与海神相比却是小了；《齐物论》中的毛嫱、丽姬在人眼中为美，在鱼鸟看来却不尽然。庄子因此得出结论：事物的性质并非由事物本身决定，而取决于观察的角度。他借海神之口如是说："以道观之，物无贵贱；以物观之，自贵而相贱；以俗观之，贵贱不在己。以差观之，因其所大而大之，则万物莫不大；因其所小而小之，则万物莫不小。"(《庄子·秋水》)他还通过孔子之口如是说："自其异者视之，肝胆楚越也；自其同者视之，万物皆一也。"(《庄子·德充符》)苏轼的"水月之辨"，是他从个体与整体、瞬间与永恒的不同角度观察后得出的结果，带有庄子相对主义的意味。

"水月之辨"中还蕴含着佛教的相对主义观。苏轼曾在黄州潜心研佛，(《亡兄子瞻端明墓志铭》)中载有这段经历，"深悟实相，参之孔、老，博辩无碍，浩然不见其涯也"，因此他对佛理并不陌生。除水、月等佛教常见意象外，《前赤壁赋》中还多次出现诸如"一苇""无尽""无尽藏"等佛教用语。

"无尽"本为佛教用语，意味"空"或永恒不变。佛教认为世界由因缘而生，因缘本身变化不定，造成了世界诸法的变化无常。这种变化就是"色"。佛教认为，整个宇宙表面上生生灭灭、变化无常，可其实都是虚假的存在，其本质为"空"。世界万物皆为心灵的幻化，只有"空"才是事物的本来面貌。然而"空"和"色"本身并非完全对立的存在，《般若心经》中说"色不异空，空不异色；色即是空，空即是色"，揭示出"空"和"色"本就是事物的两个方面。从这个意义上来看，这与庄子的思想是殊途同归的。

苏轼用相对主义思想劝慰慨叹人生苦短的友人，"盖将自其变者而观之，则天地曾不能以一瞬；自其不变者而观之，则物与我皆无尽也，而又何羡乎！"（《前赤壁赋》）既然事物的性质取决于观察的角度，那么从不变的角度来看，外物和我、自然与人都是永恒，也就没有了惆怅的理由。这样的相对主义思想不仅消解了友人的忧愁，还曾点醒逆境中的苏轼，引领他超脱现实处境，保持超旷通达、随缘自适的心境，并逐渐摆脱了被贬黄州后的苦闷心绪。他曾宣言"美恶在我，何与于物"（《答毕仲举书》），获取了精神上的真正自由，以超然的姿态，欣然享受造物者赐予的清风与明月。

道家和佛教都是出世的哲学，他们否定现实和人生。庄子在宇宙和人生问题上，始终寻求一种形而上学的超脱境界，主张形而上的"道"的唯一真实；佛教则宣扬四谛八苦，极力证明人生的痛苦与世界的虚妄。苏轼受佛老思想影响，也曾发出"人生如梦"的感喟，但他并未因此否定人生。他希冀通过佛老之学达到"静""达"的境界，"佛书旧亦尝看，但暗塞不能通其妙，独时取其粗浅假说以自洗濯……学佛老者，本期于静而达"（《答毕仲举书》），从中求得排解精神苦闷之道，而不是为了忘却经世致用之抱负。苏轼通过一系列诗文来言志咏情、表露心迹，他说"世事饱谙思缩手，主恩未报耻归田"（《喜王定国北归第五桥》），又说"遇事有可尊主泽民者，便忘躯为之，祸福得丧，付与造物"（《与李公择书》)。所以，即使遭遇乌台诗案，苏轼也始终沉浮于宦海，而不曾因此归隐田园或遁入空门。儒家积极用世的思想在苏轼心中根深蒂固，难以撼动。即使泛舟湖上时，他的歌声中依然留有可用以象征君子的"桂"与"兰"，以及象征君主的"美人"，令人不禁联想到"游于江潭，行吟泽畔"的屈原。此外，《前赤壁赋》中的"自其不变者而观之，则物与我皆无尽也"既是一种超脱旷达，也未尝不可理解为对于现实人生的高度热忱。

北宋以来，儒道释合流的趋势已豁然显现。苏轼是所处时代的三教集大成者，奠定了杂糅三教的"蜀学"理念。他对三教持有包容态度，认为儒道释实有共通之处。《祭龙井辩才文》中有："孔老异门，儒释分宫。又于其间，禅律相攻。我见大海，有北南东。江河虽殊，其至则同。"他不止一次强调"儒释不谋而同""相反而相为用"的观点，并自行调和三家思想，最终发展出了融三家于一身的宇宙人生哲学。美学家朱光潜常说"以出世的心态，干入世的事业"，可谓道出了苏轼人生哲学的真谛。苏轼以儒为体、佛老为用，在坚守儒家"尊主泽民"的基础上，撷取佛老的相对主义思想，摒弃二教中虚无颓废、绝圣弃智、否认现实的一面，形成了自己"既尚虚明，又讲应物""既重处事，又求达观"的宇宙人生意识。达到如《〈前赤壁赋〉中的人生哲学及其表达》所言"以儒家的兼济对待现实，以道家的超脱宽慰灵魂，以释家的智慧调整心态"的境界，令他在面对生命中所遭遇的一切阴晴时都能泰然处之。

不合时宜的乐天派苏东坡

　　林语堂在《苏东坡传》中用"载歌载舞，深得其乐，忧患来临，一笑置之"十六字概括了苏轼的形象，使苏轼"旷达"的生命底色瞬间跃然纸上。纵观其一生，无论在踌躇满志之时，还是在失意困顿之际，这位"无可救药的乐观主义者"都无改其旷达的处世姿态。这似乎是苏轼与生俱来的性格特质，不仅留存在了他的诗词文章中，更镌刻在其生命历程里。

　　苏轼自幼学书作文，"奋厉有当世志"。十岁时，母亲程氏读到《后汉书·范滂传》，颇为感慨，苏轼就问："我如果想成为范滂，母亲能答应我这样做吗？"可见，以天下为己任的儒家入世观早已埋藏在他的心灵之中。自二十二岁初涉政坛，苏轼在宦海浮沉四十余载，但泰半被迫外任。对以"致君尧舜"为理想的人而言，这是显而易见的挫折。然而苏轼并未因此而消沉，外任杭州通判时，他不仅做出了斐然的政绩，而且常常饶有兴致地游赏西湖，写下了"欲把西湖比西子，淡妆浓抹总相宜"这样的佳句；外任密州时，他又在出猎中"聊发少年狂"，一抒希望前往西北疆场鏖战建功的报国之志。

苏轼的旷达有赖于幼年学道的经历。他与道家渊源颇深：早在蜀中求学时，他就师从道士张易简读小学；在精神上，他与《庄子》颇有共鸣，曾发出"吾昔有见于中，口未能言，今见《庄子》，得吾心矣"的感慨。他自谓"轼龆龀好道，本不欲婚宦，为父兄所强，一落世网，不能自遣。然未尝一念忘此心也"（《与刘宜翁使君书》），表现出对道家的高度推崇。当苏轼从富庶的杭州调任至天壤之别的密州，环境的变化及仕途的不顺令他不免失意沮丧，可他在超然台上用庄子的"万物齐一"观消解祸福、美丑、善恶之间的差异，并之以"游于物外"、随遇而安的超然姿态，最终达到无往而不乐的境界。在中秋之夜，他从一轮明月中了悟宇宙人生之理，从而豁然开朗、随缘自娱。叶嘉莹曾说，苏轼将儒家的用世意志和道家的旷达精神"做了极圆满之融合"，这使他成了"虽在困穷斥逐中，也未尝迷失彷徨，而最终完成了一己的人生之目标与操守的成功的人物"（叶嘉莹《论苏轼词》）。

元丰二年爆发的乌台诗案，是苏轼人生与仕途的双重转折点。自此以后，"漂泊"与"贬谪"几乎构成他余生的全部。因文获罪的他极度失意，甚至一度否定了过往人生，可劫后余生的经历也促使苏轼开始思索人生的意义，他在回复李端叔的信中这样写道："谪居无事，默自观省，回视三十年以来所为，多其病者。足下所见，皆故我，非今我也。"（《答李端叔书》）直至此时，那个为人所熟知的、超脱旷达的苏东坡才真正苏醒。他不仅逐步走出了生命中的阴霾，更实现了自我的超越。若干年后当他和同乡道人杨世昌泛舟黄州赤壁之下时，甚至自觉承担起了开导者的角色。支撑苏轼走出人生困顿的除了老庄之说外，还有佛学。

苏轼对于佛教并不陌生。他的父母都信佛，母亲程氏还曾教育少年苏轼不要伤害幼鸟。出川前，他与蜀中的文雅大师惟度、宝胜大师惟简有

儒道释会通的人

所往来；任杭州通判时，他喜听海月大师惠辨说法，《海月辩公真赞》言"每往见师，清坐相对，时闻一言，则百忧水解，形神俱泰"。他还结识了诗僧参寥，并与之成为一生的密友。但他真正潜心研佛是在黄州的那段岁月。

抵达黄州后，苏轼在《黄州安国寺记》中言："闭门却扫，收招魂魄，退伏思念，求所以自新之方。"他找到的"自新之方"便是佛老之学。闭门谢客的苏轼在家中唯读佛经以作消遣，《亡兄子瞻端明墓志铭》载，他在钻研佛经的过程中"深悟实相，参之孔、老，博辩无碍，浩然不见其涯也"，对儒道释三教有了更深的领悟。他还隔三岔五前往黄州城南的安国寺焚香默坐，深自省察，早出晚归，直至调任。在黄州，他给自己取了个"东坡居士"的号，"东坡"既是他在黄州务农之所，也是对偶像白居易的致敬，因为白居易曾将他种花的忠州城东山坡命名为"东坡"；"居士"则表明了在家佛教徒的身份。苏轼希冀通过对佛老之学的实践，最终到达"静""达"的境界。不过，他所追求的空静达观并非形而上的理论，而是能作用于现实人生的、为人生的学说。他在《答毕仲举书》中以龙肉和猪肉分别譬喻二者理论与现实"公之所谈，譬之饮食龙肉也，而仆之所学，猪肉也，猪之与龙，则有间矣，然公终日说龙肉，不如仆之食猪肉实美而真饱也"。

苏轼创作于这一时期的作品往往带有佛老色彩，他尝试用佛老之说来排遣苦闷、开解自我。被贬谪至黄州第二年的中秋，他写下《西江月·黄州中秋》，"世事一场大梦，人生几度秋凉"，用道家"人生如梦"与佛教人生虚幻的思想抒发空幻悲凉的人生感悟。被贬谪至黄州第四年的中秋，他凭高眺远，幻想遨游月宫仙境，苦中作乐，以求超脱。被贬谪至黄州的第五年，他用《南堂五首》记录了自己在黄州参禅修道的日常，《南堂五首·其二》中有"故作明窗书小字，更开幽室养丹砂"，《南堂五首·其五》中有"扫地焚香闭阁眠，簟纹如水帐如烟"，写出了佛老之学带给他的宁静淡远、安闲自得的心境。

在佛老之说的影响下，苏轼终于渐渐摆脱了人生与仕途不顺所带来的挫败感，实现了自我的超越。在与张怀民夜游承天寺时，他以"闲人"来调侃遭贬谪的二人，虽然仕宦失意的愁苦仍不免萦绕心头，但贬谪之身却并未妨碍二人贪夜赏月的闲雅情致，他表现出了安闲平和、乐观自适的心境。和友人在沙湖道中不意遭遇疾风骤雨时，他不为外物所萦怀，等闲视之，表现出异于他人的潇洒镇静，而后更是忘怀外物，达到"也无风雨也无晴"般的超然自适。当他面对黄州赤壁的河川山峦、清风明月时，他通过阐释自然和人的变与不变，使友人从人生须臾的怅惘中解脱，并与自己共赏起清风明月，在那一刻，二人都进入了豁达超脱的境界。

诚然，人生与仕途困境并未因此远离苏轼，离开黄州后他又多次遭逢贬谪，但彼时的他已能以旷达的姿态去面对并消解苦难。在卑湿蒸溽的岭南，他写下《惠州一绝》，"日啖荔枝三百颗，不辞长作岭南人"；《定风波·南海归赠王定国侍人寓娘》，"试问岭南应不好，却道：此心安处是吾乡"。他在人生的最后几年又被贬谪到了中国极南面且尚未开化的儋州（今海南省儋州市），仍不改其乐。甫到之时，苏轼面对一望无垠的水天，有些凄然，不知何时能离开，但他转念一想，《试笔开书》"天地在积水中，九州在大瀛海中，中国在少海中，有生孰不在岛者"，他用庄子的相对主义使自己释然。当他被逐出官屋，只得住在简陋的茅草屋中时，他不但不以为忤，反而兴致大起，作了一篇《桄榔庵铭（并叙）》，其中"蝮蛇魑魅，出怒入娱；习若堂奥，杂处童奴"四句，将恶劣的环境以诙谐的语言出之，淋漓尽致地展现出苏轼不役于外物的旷达胸怀。

王国维在《文学小言》中说："三代以下之诗人，无过于屈子、渊明、子美、子瞻者。此四子若无文学之天才，其人格亦自足千古。"具有儒家入世精神的苏轼在生命遭逢困境之时，得到佛老"处逆为顺，安以自适"观念的影响，使个体生命即使置于漫漫宇宙中，仍能随遇而安，对一切遭遇泰然处之，最终形成其独有的、蔚为大观的达观旷达、荣辱不惊的文化人格。

陆九渊的『本心说』

南宋淳熙二年六月，许多陌生的面孔出现在信州铅山鹅湖（今江西省上饶市铅山县鹅湖镇），他们多为来自江西、浙江、福建的学者，临川太守赵景明和信州太守詹仪之也在受邀之列。这些人纷至沓来只为一睹此地即将进行的一场儒学内部辩论，论辩双方的主将分别是理学的代表朱熹和心学的代表陆九渊、陆九龄兄弟。这场辩论就是中国古代思想史上第一次著名的哲学辩论会——鹅湖之会。双方的根本分歧在于对"理"所持有的不同认识。朱熹主张"性即理"，而陆九渊则力主"心即理"的"本心说"。

陆九渊，字子静，因在象山书院讲学，又被称作象山先生。作为宋明心学的开创者，他致力于建构以"心"为本位的"本心说"。在他的思想学说中，"心"既是宇宙万物的本源，又是社会道德的本质。

据说，陆九渊在十三岁时就已经意识到了"心"与宇宙的关系。当他读到"四方上下日宇，往古来今日宙"两句时，顿时领悟到"宇宙内事，乃己分内事；己分内事，乃宇宙内事"，进而提出了"宇宙便是吾心，吾心便是宇宙"的命题。这一出自《陆九渊集·行状》的记载，其真实性或有待考证。但可以明确的是，陆九渊的"本心说"与孔孟学派的"心性论"有着深厚的渊源。陆九渊承认自己的学说是"因读《孟子》而自得之"。《宋元学案》也采纳了这一说法，认为"象山之学，先立乎其大者，本乎孟子"。陆九渊奉孟子为道统，认为其重要性甚至超越了孔子。

他常常通过孟子的言论来阐释自己的"本心说"。他用孟子的"良知良能"和"万物备于我"解释"本心"：

"孟子曰：'所不虑而知者，其良知也；所不学而能者，其良能也。此天之所与我者，我固有之，非由外铄我也。'故曰：'万物皆备于我矣。反身而诚，乐莫大焉。'此吾之本心也。"

在陆九渊看来，"本心"同"良知良能"一样，是一种先验式的存在。而且它囊括万物，无所不包，使"万物森然于方寸之间"。所以若有任何需要，不用外求，而只要反躬自问"本心"即可。陆九渊通过孟子的言论，解释了"心"作为宇宙万物本源的理由。

此外，"心"还是社会道德原则的本质，是一种伦理性的实体。陆九渊的弟子杨简曾请教"本心"，陆九渊答道："恻隐，仁之端也；羞恶，义之端也；辞让，礼之端也；是非，智之端也。此即是本心。"这基本沿用了孟子"性善论"的说辞。正由于"心"的存在，人们才能在不受外部压力制约的情况下，自觉践行各类道德行为。

从本体论来看，"心"已然具备了理学中"天理"的基本特征，但由于陆九渊并不否认天理的存在及其至高无上性，所以提出"心即理"的命题来调和二者的关系，但这最多只能算作权宜之计。心学和理学在本体论及相应的方法论上的矛盾让二陆在鹅湖之会上受到了来自朱熹的挑战。

在持续数日的论辩中，双方你来我往，互有攻守。陆氏兄弟批评朱熹搞训诂之学，朱熹则讥讽二陆之学根本就是禅学。朱熹的观点并非意气

六
融
通

133

之言，历代将心学视作禅学的大有人在。明代罗顺钦就曾直言"象山之学"不是"似禅"，而"分明是禅"。这些质疑主要针对的就是心学的本体论和方法论。

在本体论上，心学和禅宗都将"心（性）"视为宇宙万物的本源。心学说"万物森然于方寸之间"，禅宗说"于自性中，万法皆见，一切法自在性"。此外，两家都主张"灵觉之妙"，即主张众生都具有灵明觉悟的本性。陆九渊认为"本心"是一种天赋之物，而且"此心之良，人所固有"；禅宗说人人皆有佛性。二者同为先验式的存在，差异仅在于心学的"本心"属于至善道德的本体，而禅宗的"心"（或曰"本来面目"）是无善无恶的本体。

在方法论上，陆九渊基于"本心说"提出了"发明本心"的简易工夫。"发明本心"，包括"存心""养心""求放心"等依赖直觉的内容。由于心学认为"万物皆备于我"，因此若要致知，不需穷究外物，而只要明晓"心"中之理即可。但"心"会被过分的欲望与需求所蒙蔽，因此需要除却"心蔽"，才能确保"心"清"理"明。"发明本心"的具体方法是"剥落"，将蒙在"心"上的灰尘污物层层剥离。

"发明本心"的方法论中带有明显的禅宗色彩。首先，"格心以明理"的方法宛若《坛经》中"佛向性中作，莫向身外求"的翻版。其次，"心蔽"之说与禅宗的"明心见性"说有异曲同工之妙。神秀"身是菩提树，心如明镜台，时时勤拂拭，勿使惹尘埃"的偈语体现了禅宗明心见性的思想，不难发现，它和"心蔽"之说都认为本体的"心"虽清明无污，但会受外物的影响，因而需剥落或拂拭等渐修工夫来恢复其原先的清明。

除了本体论和方法论外，心学和禅宗仍有许多共同之处，如心学认为"本心"存在于行住坐卧、日常生活中，而禅宗则认为"担水劈柴，无非妙道"。陆九渊不立文字的主张也被认为是禅宗的翻版。另外，禅宗的机锋甚至顿悟都被陆九渊运用到了现实生活之中。前文提及的陆杨对话还有后文——杨简对于老师的回答颇为不解，多次询问，却只得到了同样的答复。某天，杨简再次请教老师，恰好有个卖扇人来衙门打官司，杨简便试图对话暂告段落。断案结束，陆九渊告诉杨简："是者知其为是，非者知其为非，此即本心。"杨简顿悟本心之意。

心学和禅宗所以会有如此多的相似之处，与陆九渊"颇宗无垢"（《宋元学案》卷五十八）的师承有关。作为二程后学，张无垢（即张九成）受禅宗较深影响，陆九渊也在潜移默化中步了前人的"后尘"。

应该说，儒家和禅宗对陆九渊的心学都产生了显性的影响，而不易为人所注意的是心学中潜藏着的道家基因。

陆九渊的九世祖陆希声是唐末著名道人，好释老言。兄长陆九龄自小既"以圣贤为师"，又出入于释老，无所偏废。陆九渊也将道家的一些元素迁移至自己的学说之中。

他改造或借用道家典籍中的典故来说理。《庄子·骈拇》中"臧谷两亡"的寓言，本是用以证明"标榜仁义是为乱天下的祸根"的，但陆九渊则用来批评"今人读书，平易处不理会"，拘泥于章句转注的现象。

他还吸收了道家"为道日损"的返璞归真观，他"发明本心"的简易功夫还大大简化了程朱理学烦琐的"穷理尽性"过程，使修习变得简单易行。

作为一名坚定的儒家知识分子，陆九渊本人曾对于释道二者进行了不遗余力的批判，但他也承认"诸子百家，说得世人之病好，只是他立处未是。佛老亦然。"（《陆九渊集》）为此他充分汲取了释道中的养分，最终完善了自己的"本心说"理论，并影响了包括王守仁在内的后世学者，使心学最终得以成为与程朱理学并存的儒家学说。

七 互补
契嵩与张商英会通佛儒

援佛摄老入儒的理学在北宋一朝酝酿兴起，为复兴儒学，儒家学者对佛老学说展开批判。拥有更为广泛的群众基础的佛教，成为儒者批判的主要对象。到了宋仁宗明道年间，文人集团发起古文运动，这种"尊儒排佛"的倾向就愈加鲜明。文坛领袖欧阳修作《本论》三篇抨击佛教，在当时引起了极大反响。在此背景下，从佛教和儒家中先后走出了两人，向排佛的时代风潮喊出了不同的声音。他们分别是契嵩和张商英。

契嵩是北宋中期著名禅僧，七岁被母亲送到禅寺，十三岁时落发为沙弥，一年后受具足戒，正式步入空门。张商英，字天觉，号无尽居士，曾在宋徽宗时官至尚书右仆射兼中书侍郎。尽管此二人一僧一官，一佛一儒，在身份上并不相同，但此二人在各自的群体中都带有些"非主流"的色彩。

作为一名僧人，契嵩对儒家五经推崇备至，并为之著书立说，先后写就《中庸解》《皇极论》《辅教编》等系列文章。他对"孝"推崇有加，提出了"孝为戒之先"的命题，而这与遁入空门的僧人格格不入。张商英恰与契嵩相反，儒家出身的他早年是辟佛阵营中的一员。据说，某日他在寺中看到齐整的《大藏经》卷册后，非常生气，说："吾孔圣之书，乃不及此！"返家后余怒未消的他着手写一篇《无佛论》来批判佛教。后来他在妻子的劝说下，尝试着读了《维摩诘经》，深有所感，自此皈依佛法，改号无尽居士，并作了一篇极力维护佛教的《护法论》。

这种僧人治儒、儒生治佛的"错位"使此二人显得独树一帜。但这种"错位"本质上殊途同归，因为此二人都致力于实现以佛教为本位的佛儒会通，一方面用以消解儒者对佛教的抵触之情，应对文人排佛的不利局面；另一方面借儒辅佛，广播佛法。契嵩在《辅教编·广原教叙》中直言不讳地道出这一意图："盖欲发明先圣设教之大统，以喻夫世儒之不知佛者。"

北宋儒者排佛的理由，具体而言，基本就是欧阳修在《本论》中提到的三点：于政教无益、弃绝人伦和华夷有别。可见，当时佛儒矛盾的焦点集中在"治事""义理"和"文化"三方面。其中的"治事"和"义理"带有典型的入世特征，前者涵盖教化、农桑等政教事宜，后者涉及理气、心性、天地之性、气质之性、天理人欲、人伦关系等问题。而佛教素被认为是治出世的宗教，不能像儒家一样用以治世，因而受到了宋儒的非议。契嵩和张商英不约而同地从这两方面出发，会通佛儒，努力发掘佛教的治世之用。

二人都肯定了佛教在"治事"上的积极作用。

契嵩倡导"儒释一贯"，故而多从佛教与儒家的共性出发来论证佛教对于"治事"的作用。他主张佛儒"同归乎治"，佛教同样能"助政治广教化""益乎圣贤之为道德者"，对政教之事起到直接或间接的作用。比如"五戒十善"，虽是佛教助人获得为人或升天果报的途径，但客观上也是个体德行的准则。如果天下之人都能修习，"人人皆善而世不治未之有也"（《辅教编》）。

在"同归乎治"的基础上，他补充分析了佛儒的互补性，"儒者欲人因教以正其生，佛者欲人由教以正其心……故治世者，非儒不可也；治出世，非佛亦不可也"（《寂子解》）。儒者治生，佛者正心；儒治世，佛治出世。佛儒的差异仅在于具体的社会功能，所以不可偏废任何一方。

张商英则从佛教自身特点出发，证明其在治事上的作用。他指出佛教中的色、受、想、行、识五蕴并不脱离世界。既然存在于世间，那就肯定遵循着包含仁、孝等观念的世间法，而且佛教圣人"本为群生"，由此肯定了佛教的入世性。

在社会治理上，佛教既有约束统治者的作用，能"以其法付嘱国王大臣，不敢自专"，使统治者不能独断专行，还能"导民善世""穷理尽性"。此外，佛教因其"甚公而至广"、不为私的特点，能济儒之穷，纠正儒生集团"孰不期荣，孰不谋禄"的私心，这也间接有助于治理天下。

在佛与儒的第二个矛盾焦点"义理"上，契嵩和张商英都肯定了佛儒的义理皆有"劝人为善"的教化之用。契嵩提出："古之有圣人焉，曰佛，曰儒，曰百家，心则一，其迹则异。夫一焉者，其皆欲人为善者也；异焉者，分家而各为其教者也。"（《辅教编》）张商英也指出："三教之书，各以其道善世砺俗，犹鼎足之不可缺一也。"（《护法论》）

二人又在"孝"和"仁"等儒家道德规范上做了些文章，在会通佛儒的同时，回应了欧阳修等宋儒对佛教"弃绝人伦"的诘难。

人伦是儒家"义理"的重要组成部分，它包括君臣、父子、夫妇、兄弟、朋友及各种尊卑长幼关系，与父子有关的"孝"亦在其列。但佛教讲求的却是要切断与世俗的关联，人伦也不例外。契嵩为调和佛儒二教在这方面的矛盾，努力推动佛教的世俗化。他要求僧人必须尽孝，主张佛教徒出家修行有阴德于君亲。他在《孝论》中论证了"孝为戒先""孝有戒之蕴"的观点，创造性地提出父母"为天下之本"的说法。他最终得出的结论是"夫孝，诸教皆尊之，而佛教殊尊也"（《孝论》）。他还将佛教的"五戒十善"比附儒家的"五常仁义"——"不杀者仁也，不盗者义也，不邪淫者礼也，不饮酒者智也，不妄语者信也"（《孝论》）。他把"五戒十善"与"五常仁义"同归于个人德行，强调二者"一体而异名"。他以儒释佛，借助对于儒家经典的诠释来阐明佛儒的一致性。

相比契嵩，张商英显得更"激进"些，他认为佛教"五戒"不仅包含孝道和仁德观念，而且更胜儒家。"佛以持戒当行孝，不杀、不盗、不淫、不妄、不茹荤酒，以此自利利他，则仁及含灵耳，又岂现世父母哉？"（《护法论》）在他看来，若能严守戒律，那么"孝"不单能恩泽现世的父母，还能贯通三世、普被天下父母。既如此，又谈何"弃绝人伦"？

契嵩和张商英还在"心性"方面探寻佛儒的会通。

契嵩将理学中对"性"与"气"关系的认识引入佛教。佛教高僧宗密曾指出人由"气"与"真性（心）"所构成，"气"乃"真性（心）"所变现，换而言之，"心"可以脱离"气"而存在。而契嵩却说"性非气而不有，气非性而不生，故气也者待乎性，性也者假乎气，气与性未尝相违"（《杂著六篇·逍遥篇》），肯定了"性"不能脱离"气"而存在。这显然是宋代理学所主张的论点，二程曾说："论性，不论气，不备；论气，不论性，不明。"契嵩的做法可以看作是向理学做出让步来寻求认同。

张商英在《护法论》中开门见山地写道："孔子曰：朝闻道，夕死可矣。以仁义忠信为道耶？则孔子固有仁义忠信矣。以长生久视为道耶？则曰夕死可矣，是果求闻何道哉？岂非大觉慈尊识心见性无上菩提之道也！"他认为孔子所求闻的"道"就是佛教的识心见性、无上菩提之道。同时，佛儒都说"心性"，其差异只在"静躁"上，"儒者言性，而佛见性；儒者劳心，而佛者安心"（《护法论》）。

契张二人会通佛儒之举，是北宋时佛教面临"以文排佛"现实而做出的一次积极应对。它顺应了宋以后佛教儒学化、世俗化的趋势，并在一定程度上调和了二教的矛盾，连最初反佛的欧阳修也皈依到了契嵩的门下。此二人不单论证了佛教在治出世外的治世之用，丰富了佛学，还借此提出了佛教更优于儒家的观点，可以说是化危机为机遇。而僧人治儒、儒生治佛的"错位"也反映出了三教合流的新趋势。

宋孝宗的修身与治世

"以佛修心，以道养生，以儒治世。"这句话出自南宋第二任皇帝宋孝宗的《三教论》，明确了儒、道、释各自的职能范围，为后世的士人乃至统治者对待三教关系指明了一个可行的方向。

宋孝宗赵昚可以说是南宋最有作为的皇帝了。《宋史》称赞他"聪明英毅，卓然为南渡诸帝之称首"。他广为人们熟知的功绩是为岳飞平反，"追复岳飞元官，以礼改葬，访求其后，特与录用"。他还起用主战派人士，意图收复中原，并且整顿吏治、发展经济。他在位期间社会繁荣、百姓和乐，史称"乾淳之治"。

宋孝宗的政绩充分显示了儒家"治国平天下"的观念，而从他的庙号"孝宗"也能看出后人对他的人伦德行的肯定。宋孝宗的前任宋高宗赵构独子早夭，而且宋太宗赵光义一支的嫡系子孙有不少在靖康之乱中死去或者被掳，于是赵构在绍兴三十二年（公元1162年）把皇位传给了自己的养子、宋太祖赵匡胤七世孙赵昚。在之后的二十多年里，赵昚对这位血缘关系极远的养父赵构孝顺有加。淳熙十四年（公元1187年）十月，赵构驾崩，宋孝宗闻讯痛哭，两天不能进食。他一反君主守丧以日代月来计算的旧规，坚决要为太上皇守丧三年，并让太子参与政事。后来为了更好地守孝，宋孝宗在淳熙十六年（公元1189年）传位给太子。这时的太子赵惇已经四十多岁了，此前也多次向宋孝宗暗示自己年岁已经不小。赵昚上对父尽孝，下对子以慈，可以说是儒教伦常的身体力行者了。

这样一位恪守人伦道统、锐意进取的帝王，同时也对佛、道二教颇为推崇。宋孝宗与当时的诸位高僧、高道多有往来。乾道元年（公元1165年），宋孝宗游上天竺寺，见观音菩萨塑像手持念珠，便问慧远禅师："人持念珠念观音，观音持念珠念谁？"慧远回答说是念观音自己，因为"求人不如求己"。慧远这句话看似通俗风趣，实则体现了禅宗直指人心、见性成佛的法门，类似于《六祖坛经》中所说的"不能自悟，须求善知识指示方见；若自悟者，不假外求"。这番问答流传很广，后来被讹传为苏东坡与佛印禅师的故事，还被林语堂先生记到了《苏东坡传》中。

乾道七年（公元1171年）正月二十三日，宋孝宗在选德殿接见了奉诏任灵隐禅寺住持的慧远禅师，二人就佛教方面的问题展开了十五番问答，颇显深意与机锋。宋孝宗问慧远怎样才能悟通大乘，慧远答道："本之有性，磨以岁月，自然得悟。"宋孝宗又问："悟后如何？"慧远回答："悟后始知今日问答皆非。"慧远的前一句话不像禅宗的南宗所讲的顿悟，倒像北宗的渐悟，也像儒家所说的积累、磨砺，这话并没有什么特别之处。但宋孝宗并没有把"悟通大乘"当作禅修的最高境界，而是继续追问。面对很难实际作答的问题，慧远所答未落窠臼、发人深省——当下修行未够，自然不能说出得悟大乘之后会怎样。妙答往往来自智问，宋孝宗的禅修可见一斑。

这样看来，宋孝宗会写出《三教论》也就不足为奇了。

在这篇文章中，孝宗认为佛教的"五戒"和孔孟之道是相通的："夫不杀，仁也；不淫，礼也；不盗，义也；不妄语，信也；不饮酒，智也。"他又说老子崇尚的"慈""俭""不敢为天下先"也合于孔子的思想："孔子曰节用而爱人，老氏之所谓俭，岂非爱人之大者耶？孔子曰温良恭俭让，老氏所谓不敢为天下先，岂非让之大者耶？孔子曰唯仁为大，老氏之所谓慈，岂非仁之大者耶？"由此，宋孝宗得出结论，三教并无本质区别，"盖三教末流，昧者执之，自为异耳"，三教中的下等愚人才会拘泥于它们的不同；在圣人看来，大道相通，儒、道、释只是在治世、修心、养生的功用上有区别。

其实这篇文章本来叫《原道辨》，宋孝宗对韩愈《原道》攘斥佛老的观点提出了批评意见，认为《原道》"文烦而理迂"。此说一出，朝中大臣多有微词，他们认为批评韩愈这样的学者应当慎重，所以宋孝宗才勉强把文章标题改为《三教论》。读者可能会想，宋孝宗作为一朝之君，批评前朝学者的文章又有什么可顾虑的呢？其实，在宋朝文人心目中，韩愈的地位非常高，苏轼曾说他"文起八代之衰，而道济天下之溺"，甚至宋明理学的缘起也仰赖韩愈对儒家道统的整饬。

大臣们主要还是担心宋孝宗此文会动摇儒教的正统地位。帝师史浩在《回奏宣示御制〈原道辨〉》中写道："陛下圣学高明，融会释、老，使之归于儒宗，末章乃欲以佛修心，以道养生，以儒治世，是本欲融会而自生分别也。大学之道，自物格、知至，而至于天下平，可以修心，可以养生，可以治世，无所处而不当矣，又何假释、老之说邪？"他认为皇帝此文试图将释、老与儒教相融，但最后的结论却将三者加以区分。此外，史浩还指出，儒家思想本来就囊括了修心、养生和治世的功用，《大学》"八条目"（格物、致知、诚意、正心、修身、齐家、治国、平天下）已经表述得很清楚了，何必要借助佛教和道教来修心和养生呢？

其实宋孝宗与韩愈所处的社会政治背景已大不一样。中唐时儒学道统中断已久，唐宪宗迎佛骨之举也在长安掀起了信佛热潮。而宋朝尚文轻武，儒学的正统地位比较牢固，宋孝宗执政时期不仅有著名的思想家，如朱熹、陆九渊；还活跃着许多文学家，如陆游、范成大、杨万里、辛弃疾。我们前面也说到宋孝宗执政立足于进取有为，颇有儒家心目中的圣君气象，与前朝那些佞佛的皇帝并不相同。范成大对此看得透彻，他在写给皇帝的札子中说："《原道论》（笔者注：即《原道辨》）一出，则儒术益明，释、老二氏不废。"儒道释三教并举并没有削弱儒教的地位，反而使其巩固君王统治、维护社会稳定的功能定位更加明确。

所以说，宋孝宗在社会政局领域更倾向于儒术，而把释、老看作是个人修身养性的手段。《续资治通鉴》中记载了宋孝宗与礼部员外郎李焘谈论科举的一段话："科举之文，不可用老、庄及佛语。若自修于山林何害！倘入科场，必坏政事。"科举文章是朝廷选拔人才的依据，佛老思想对于个人修养并无妨害，但却不利于政事。"佛老绝念无为，修心身而已矣。"《三教论》这句话中的"而已"二字耐人寻味。热衷于谈佛论道的宋孝宗深知自己首先是一名君王，担负着社稷之责，因此他对于儒道释三教的职能有着清晰的认知。

宋高宗赵构对于佛教的态度表达得更为直白，"朕观昔人有恶释氏者，欲废毁其教，绝灭其徒；有善释氏，即崇其教，信奉其徒，二者皆不得其中。朕于释氏，但不使其大盛耳"。（《宋会要辑稿·道释一》）在宋高宗看来，佛教的可用之处，也就是其与社会人生密切相关的那部分吧。

在乾道七年那次著名的选德殿问对结束时，慧远禅师祝愿宋孝宗"早复中原，以慰四海之望"，由此可见，修心的最终目的还是要治世啊！

刘谧与『三教平心论』

作为一种外来宗教，佛教自两汉时传入中国，便开始了与儒家、道家等本土思想的融合。相传东汉末年的《牟子理惑论》，站在佛教的立场上，开了会通三教之先河，其后又经过宗密、延寿、孤山智圆、契嵩等僧人的发展与完善，至宋元之际，佛教与儒家与道教三教合一的理论已臻于成熟，元人刘谧的《三教平心论》是为标志之一。在《三教平心论》中，作者以"平心"为前提，审视了前人"三教同归""同归于善"等三教合一的主张，而且从"极功"的角度重新分析并评价了三教。

在现存史料中，关于刘谧的记载极为有限。清代《居士传》（卷三十五）"李纯甫"条目下的一句话提到了他，即"同时有刘谧者，著三教平心录"，只言片语的记载甚至难以勾勒出他的大致形象。相较于作者的默默无闻，《三教平心论》的名声则要大得多，不仅被收入《琳琅秘室丛书》和《大藏经》，还流传到了日本。

书名中的"平心"指的是"公平之心"。在刘谧看来，三教之所以相互攻击、争斗不休，是因为"人有异心，心有异见"。"劣儒者议儒，劣道者议道，劣佛者议佛"的情况层出不穷，加剧了三教之间的矛盾。因此他主张抛开私心和爱憎之心，以"平其心念"为前提，议论三教。因为"是非得失至理而止"，只有这样，方可实现"天下后世不可诬也"。

刘谧并不避讳自己的佛教立场，书中有一半篇幅都在驳斥傅奕、韩愈、程颐、程颢、张载、朱熹等人的排佛言论，但他始终以"属实"与否作为评判的依据。在反驳中，他往往以儒家经典、佛教典籍或历史掌故等事实为依托，据理力争，表现出了足够的理性。他在书中也否定了道教的《化胡经》和佛教《破邪论》，前者虚构了老子出关教化外国人，并创立了佛教、摩尼教等的宗教的历史；后者则编造了佛祖派遣孔子、颜回和老子来华施行教化的故事。他对两本书都做出了"架空而失实""尊己而抑彼"的评价，并未囿于门户之见而曲意肯定或赞美《破邪论》。《三教平心论》的序言肯定了刘谧，认为他评论三教时，能做到"辨析疑惑，决择是非""未尝不出于公论"。

在三教关系上，刘谧在《三教平心论》中基本因袭了佛教三教合一理论中"三教同归""同归于善"的主张。自隋唐以降，佛教根据《法华经》的"会三归一"思想，主张三教在理体上"同归一理"。诸如"红花白藕青荷叶，三教原来是一家""夫三教者，本同而末异"等说法，都是"会三归一"思想的不同表述。刘谧传承了这一思想，他在《三教平心论》中指出，三教"以迹议之，而未始不异；以理推之，而未始不同"。虽然源头和立教目的各异，但三教在本质上是"一而三，三而一"的。他还援引刘安世、圭堂居士和傅大士谈论三家的诗文，以论证三教可以合一。

在此基础上，刘谧还明确了三教所归之"理"就是"善"，"三教之意无非欲人之归于善耳"。在他看来，三教合一的基础是以"善"为核心的伦理本位。这一认识同样是对前人观点的继承。宗炳早在作于南朝宋时期的《明佛论》中就提出"孔老如来，虽三训殊路，而习善共辙也"。到了北宋，宋真宗也明确表示"三教之设，其旨一也，大抵皆劝人为善"

儒道释会通的人

（《佛祖统纪》卷四十四）。禅僧契嵩也曾说过，儒道释等各家"心一迹异"，这"心"就是"欲人为善者"（《辅教编》）。

刘谧力倡三教合一。他在《三教平心论》中多次会通三家之说，以强调儒道释三教之共性。他以佛教五戒比附儒家五常，以佛教十善比附道教九真妙戒。他用儒家所推崇的周文王和颜回来阐释佛学中的"事障"和"理障"。他还主张儒家学说中同样包含因果、斋洁、护生等佛学思想。在反驳韩愈等人的排佛观点时，他儒释并举，以证明二教的共性。他指出，儒家的诗书礼仪之教以及刑政威福之权都是为让天下"迁善而远罪"，而佛教的"为善有福，为恶有罪"之说，也是为让信徒"舍恶而趋于善"。佛教的"出家"看似抛却了儒家力主的君臣、父子的忠孝伦理观，但实际上罗睺罗随父出家、妙庄严王随子药王出家这样的故事中也蕴含着父慈子孝的伦理观，况且佛教中的"出家"本就是为了证果成道、普度众生，这与儒家的"兼济天下"殊途同归。

在肯定了三教"同归于善"以及三家学说上的共性之外，刘谧也并未忽略三教的个性。他从"极功"的角度分析了三教的特征及功用上的差异。

刘谧将"极功"定义为"收因结果处"，简单来说，就是事物的归宿或最终能够达到的境界。在他看来，天下万事万物都有"极功"，儒道释三教也不例外。儒家之"极功"在于致君泽民、安国扶世，道家之"极功"在于超凡入圣、长生自在，而佛教之"极功"在于正等正觉、还度法界。"极功"的差异反映出三教在功用上的不同。刘谧认为，儒教有功于天下，"使纲常以正人伦以明，礼乐刑政四达不悖，天地万物以位以育"；道教有功于世教，"使人清虚自守卑弱以自持，一洗纷纭纠葛之习，而归于静默无为之境"；佛教有功于皈依者，"使人弃华而就实，背伪而归真，由力行而造于安行，由自利而至于利彼"。不难发现，刘谧对儒道释三教功用的划分与宋孝宗在《原道辨易名三教论》中提出的"以佛修心，以道养生，以儒治世"的观点如出一辙，代表了宋代以后对于三教功用的基本认识。

儒道释在功用上的区分，为三教的存在与融合提供了理由。北宋名僧孤山智圆曾说"三教如鼎，缺一不可""修身以儒，治心以释"。契嵩主张儒释虽"同归乎治"，但二教所治不尽相同，"治世者非儒不可也，治出世非佛亦不可也"（《镡子解》）。刘谧继承了前人的观点，提出"诚知心也身也世也，不容有一之不治，则三教岂容有一之不立"，肯定了三教各自的存在价值。他援引隋代李士谦对三教的观点："佛，日也；道；月也；儒，五星也；岂非三光在天，阙一不可？而三教在世亦缺一不可。虽其优劣不同，要不容偏废软"，对偏废三教的现象提出了批评，还对于元朝独尊佛教的现象提出了质疑："今独优佛教而劣儒道，岂前贤之意哉？"

不过，刘谧毕竟没有抛弃自己的佛教立场。他以"极功"为标准评价三教，最终得出的是佛教殊胜的结论。刘谧选择从终极追求与时空两个维度来比较三教"极功"。他指出，儒教的终极追求是功名，时间不过百年，空间局限于中国，犹在藩墙之中；道教的终极追求是长生，时间延长至千万年，空间扩大到天上人间，但也就止于四境之内；而佛教的终极追求则是断灭生死、究竟涅槃、普度众生、俱成正觉，不仅在时间上无穷尽，在空间上更是囊括整个虚空法界。刘谧由此得出佛教优于儒、道的结论，肯定了佛教在三教中的突出地位。

综上，刘谧的《三教平心论》集前人之大成，力倡三教融合，从"极功"的角度分析三教特征、肯定三教各自的价值，并能在保有佛教立场的前提下，尽量秉持公平的原则评议三教，反映出佛教三教合一理论趋于成熟。当然，刘谧的佛教立场制约着他，致使最终未能完全超越三教间的分野，这一历史重任只能由其之后的学者来承担了。

八
合流

三教圆融

宋元时期，儒道释合流的趋势愈发清晰。儒家的周敦颐、二程、朱熹，佛教的孤山智圆、契嵩以及道教的张伯端、王重阳都是反映这一趋势的代表人物。其中，王重阳作为道教的代表人物成功创立了金元时期三大"新道教"之一的全真道，使三教合一思想得以在理论和实践两个层面双管齐下。

王重阳，原名中孚，字允卿，是全真道"北宗五祖"之一。《金莲正宗记》中记载他长得"骨木雄壮，气象浑厚，眼大于口，髯过于腹，声如钟，面如玉，清风飘飘，紫气郁郁"，可见其相貌不凡，颇有道骨，他文武双全，自幼熟读儒书，二十多岁就中了进士。后又参加武举，还中了甲科，然而最终却只谋得甘河镇酒监这样的低微官职，直至四十八岁，仍功名未就。他失意至极，只得日夜借酒浇愁，却不意在甘河偶遇钟离权和吕洞宾两位仙师，得授修仙秘诀，于是更名为嚞，改字知明，号重阳子。不久之后，他辞官解印，黜妻屏子，挖"活死人墓"，自称"王害风"，穴居修道，两年后填墓，另觅地点，复修道七年，其间又学佛参禅，自称"七年风害，悟彻《心经》无罣碍"。传说王重阳曾得仙人指点，告知他"速往东海，丘刘谭中有一俊马，可以擒之"，故决定东出传道。途径洛阳时，他在北邙山上清宫题写"丘谭王风捉马刘，昆仑顶上打玉球"的预言，先后度化马钰、谭处端、刘处玄、丘处机等七名弟子，并创立了全真道。

王重阳倡导"儒门释户道相通，三教从来一祖风"的融合学说。传说他曾在"活死人墓"四隅各植一株海棠，以寄寓"将来使四海教风为一家"的期望。他曾用"鼎之三足"与"树之三枝"来譬喻三教关系："三教者，如鼎三足，身同归一，无二无三。三教者，不离真道也。喻曰：'似一根树生三枝也。'"在他看来，三教只是"道"的不同分支，它们在本质上相通。因此，他主张"三教平等""三教圆融"。

王重阳在立教过程中贯彻了自己圆融三教的主张。《重阳真人金关玉锁诀》中载全真道以"太上为祖，释迦为宗，夫子为科牌"，奉道家的《道德经》、儒家的《孝经》、佛教的《般若心经》为教门经典。全真道在山东的五个教团也统一冠以"三教"之名（三教金莲会、三教七宝会、三教玉华会、三教平等会、三教三元会），以示"不独居一教"之意。王重阳还积极地将儒佛之道融入全真道日常的修行之中，这在修行宗旨和修行门径上有尤为鲜明的体现。

属于道教内丹派的全真道以"性命双修"为修行宗旨。王重阳认为，"人了达性命者，便是真修行之法"（《重阳真人金关玉锁诀》）。在他看来，"性"与"命"是相互依存的，正所谓"命无性不灵，性无命不立"（《五篇灵文》）。"命功"本为道教所专，传统道教追求人外在的长生不老、肉体永恒。道教内丹派和外丹派的主要差异在于通过不同的方式修命来寻求永生。"性功"则侧重于人内在的修炼，王重阳在这一点上借鉴了禅宗的"心性"理论。由于禅宗认为人皆有佛性，而佛性就在众生自心之中，因此只有通过对内心的反省，方能明晓佛性。因而禅宗重视炼内在的"心"。《重阳立教十五论》中的降心、练性都是心性磨炼功夫。不仅如此，他还将本属禅宗的"明心见性"作为"修性"的最高境界。他在《五篇灵文》中明确指出"炼己即炼心也"。

有趣的是，身为道教中人的王重阳认为"性"更重于"命"，二者相较，"宾者是主者是性也"（《重阳授丹阳二十四诀》），"性"才是永恒不灭的生命主体。王重阳将全真道的修行方式从宗教引向了心性修养的轨道，蕴含着对人的社会性的重视及对人的自然性的淡化。从《重阳立教十五论》来看，全真道重视精神修炼，倡导内省而不是外求的人生。他的弟子也受此观念影响，丘处机曾说修炼之事是"三分命功，七分性学"。当被成吉思汗询问是否有长生不老之药，丘处机的回应是没有长生不老之药，只有返还元阳之气的卫生之道。

全真道所奉行的"积功累行，功行双全"的修行门径，同样带有儒释的烙印。"真功"，要做到"澄心定意，抱元守一，存神固气"，即心性和内丹的修炼。王重阳认为最上乘的丹法或说天仙之道就是"明心见性"。"真行"，则要做到"济贫拔苦，先人后己，与物无私"，即怀仁爱无私之心，济贫拔苦，苦己利人，传道度人。功行俱全，方为"全真"。在"积功累行，功行双全"修行门径的引领下，全真教中人组织人力在地方上兴修水利，饥荒时辟谷以供粮于民。这些传道济世的行为融合了儒家的济世观和救世观，以及大乘佛教的自利观和利他观，使全真道表现出内道而外儒释的特点。

王重阳对于儒释的融摄还不止于此。

他将儒家的"忠孝"伦理观纳入全真道中。他不仅将《孝经》作为教门经典，还在《重阳真人金关玉锁诀》中将"忠君王，孝敬父母师资"作为修行之法，将"孝养师长父母"作为最高等级的天仙的标准之一。他还劝导在家修行的俗家弟子行孝，"宗祖灵祠祭飨，频行孝，以序思量"（《重阳全真集》卷三）。受王重阳的影响，他的弟子谭处端也指导在家修行者要"内侍孀亲行孝道，外持真正合三光"（《赠韩家郎君在家修行》），他还说"为官清政同修道，忠孝仁慈胜出家"（《水云集》）。丘处机曾借天雷来劝谏成吉思汗使民行孝："常闻三千之罪，莫大于不孝者，天故以是警之。今闻国俗多不孝父母，帝乘威德，可戒其众。"（《长春真人西游记》）王重阳羽化后，丘处机将其安葬在终南山老家，并仿照儒家守孝三年。

在教理、教规和教仪等方面，王重阳则大力借鉴佛教，将出家、云游、化缘、苦行、清规、打坐、轮回及地狱、因果报应等都照搬入全真道中。王重阳度化孙不二时，赶走了孙的丈夫马钰，并要求他们从此分居，不许再会面。王重阳自己在宁海布道时，不修边幅，沿街乞讨，忍饥受冻十数年。丘处机在磻溪修道时，"日乞一食，行则一褰……昼夜不寐者六年"。王处一曾在砂石中长跪不起，直至膝盖磨烂至骨（任继愈《略论全真道的三教合一说》）。《重阳立教十五论》中提到的住庵、云游、打坐等都带有佛教的影子。王重阳还借用佛教的"法身"观来阐释全真的"养身法"……这样的例子不一而足。

辽、金、元时期北方儒学出现了一股援释道思想入儒的风潮，加之宋元时期三教合一逐渐成为思想界的共识，全真道站在道教的立场上发起了一场融合三教的尝试。金末辛愿《大金陕州修灵虚观记》中有云："今所谓全真氏，虽为近出，大能备黄帝、老聃之蕴，然则涉世制行，殊有可喜者。其谦让似儒，其勤苦似墨，其慈爱似佛，至于块守质朴，澹然无营为，则又类乎修混沌者。"言简意赅地将全真道融儒摄释的特征展现在了人们眼前。

王守仁的融摄与超越

《王守仁年谱》中记载有张元冲和王守仁在舟中的一次问答。弟子张元冲询问释道和儒家是否需要兼取，王守仁否定了他的想法，并做了个譬喻来阐明原因："譬之厅堂，三间共为一厅，儒者不知皆吾所用，见佛氏则割左边一间与之，见老氏则割右边一间与之，而己则自处中间，皆举一而废百也。"这就是王守仁著名的"三间共为一厅"论，体现出他"天下之道一而已"的三教合一认识。这一思想的形成与其自身经历有着密切的关联。

明清之际，湛若水和黄宗羲曾分别用"五溺"和"三变"来总结王守仁的学术思想历程。"五溺说"指出，王守仁"初溺于任侠之习，再溺于骑射之习，三溺于辞章之习，四溺于神仙之习，五溺于佛氏之习。正德丙寅（元年）始归正于圣贤之学"（湛若水《阳明先生墓志铭》）。"三变说"则认为他始"泛滥于辞章"，继以"考亭之书"学习朱熹理学，再"出入于佛老"，最后才"归本于孔孟"。二说虽略有出入，但都指出了王守仁儒道释三家兼修的学术背景。他的阳明心学在传承、改造儒家思想的基础上，融释摄道，最终实现了对三教的超越。

王守仁，字伯安，曾在绍兴阳明洞筑室修行，自号阳明子，世称"阳明先生"。他的学说因此被冠以"阳明心学"之名，并与陆九渊的"本心说"合称为"陆王心学"。"致良知"和"知行合一"是其思想体系中最重要的两个命题。

"致良知"命题继承并发展了儒家孟子的心性论和陆九渊的本心说，同时修正了朱熹的格物致知说。

命题中的"良知"，出自《孟子·尽心上》的"（人）所不虑而知者，其良知也"一句。王守仁将其界定为"心之本体"，用以指称先验的、人皆有之的是非之心。在《传习录》中他说："知是心之本体，心自然会知，见父自然知孝，见兄自然知悌，见孺子入井自然知恻隐。此便是良知，不假外求。"在《示诸生诗》中他教导学生"尔身各各自天真，不用求人更问人"。和陆九渊一样，王守仁将"心"视作万物本源，在《答季明德书》中认为："人者，天地万物之心也；心者，天地万物之主也；心即是天，言心则天地万物皆举之矣。"他对一同赏花的朋友所说的"君未看花时，花与君同寂；君来看花日，花色一时明"，也表达了同样的意思。

他还承继了陆九渊提出的"心即理"命题，并将"良知"与"天理"画上等号，"夫心之本体，即天理也，天理之昭明灵觉，所谓良知也"（《与舒国用》）。与陆九渊有所不同的是，王守仁将"心"（即良知）视作万物存在的唯一终极依据，取消了外在的、客观的"理"，所谓"心外无理，心外无事"（《传习录》），从而建立起了彻底的心本体论。

"致良知"命题还是对朱熹"致知"的修正。王守仁重新解释了《大学》八目中的"格物"和"致知"。他将"物"解释为"明觉之感应"，将"知"解释为"发动之明觉"，"格"和"致"是分别对应"物"和"知"的动作。《传习录》载："格物者，格其心之物也，格其意之物也。"可见，他将"格"和"致"理解为对心灵的省思与实践，而将"物"和

"知"理解成"心"的不同面向。所以，他所说的"致知"就是"致良知"，就是"省思内心、践行内心"。这和陆九渊提出的"反求诸心"异曲同工。

"知行合一"是中国思想史上的一个传统命题。王守仁基于自己对"致知"的定义，指出"知行合一"中的"知"就是良知，而"行"指的就是"致良知"。在他看来，"知是行之始，行是知之成"（《传习录》）。只有在人践行了良知以后，才可谓了解良知。

王守仁的这一观点是针对时弊提出的。当时明朝社会中存在着"外假仁义之名，而内以行其自私自利之实"的不良风气，所以他特别重视"行"，还扩充了"行"的边界，认为"一念发动处便是行"。他希冀以此引导时人重视实践，切实改变风气。在客观上，王守仁也弥补了陆九渊"本心说"中未强调"行"的缺憾。

不过，阳明心学问世后一直摆脱不了"阳儒阴释"的评价，还被戏谑为"阳明禅"。清代颜元在《存人编》（卷二）中说："阳明近禅处尤多。"这也从侧面看出禅宗与"心学"的紧密关系，具体表现了阳明心学与佛教禅宗在心性和直觉修养方法上的共性。

王守仁曾说："夫禅之学与圣人之学，皆求尽其心也，亦相去毫厘耳。"（《阳明全书·重修山阴县学记》）阳明心学中的"心"是先验式的存在，也是万物的本源。禅宗将先天完满具足之心称为佛性，它与佛心、人之本性和本心是世界的本源与最高的精神实体，与阳明心学中的"心"多有相似。王守仁还认为作为心之本体的良知是人人皆有的，"良知之在人心，无间于圣愚，天下古今之所同也"。（《传习录》）这与禅宗的"众生皆有佛性，佛性即人之本性，佛心即人之本心"高度吻合。王守仁眼中的"良知"无善无恶，"性之本体原是无善无恶的，发用上也原是可以为善可以不为善的，其流弊也原是一定善一定恶的"（《王阳明全集》），这和禅宗中的"本来面目"高度相似，《坛经》曰："不思善，不思恶，正舆么时，那个是明上座本来面目。"此外，"致良知"中的"反求诸心"又与《坛经》中的"圣人求心不求佛，愚人求佛不求心"的主张相对应。二者在"心性"之说上颇有共性。

在直觉修养方法上，阳明心学也与禅宗的顿悟渐修有许多相同或相似之处。禅宗认为"理可顿悟，事须渐修"，王守仁认为"良知之理需顿悟，良知境界需渐修"（《王阳明全集》）。他认为"缘此二字（良知），人人所自有，故虽至愚下品，一提便省觉"（《寄邹谦之书》其三），指出了顿悟的可能。但"吾人凡心未了，虽已得悟，仍当随时用渐修功夫，不如此，不足以超凡入圣"，强调要达到至高的"超凡入圣"境界离不开渐修。

王守仁与道教颇有渊源，他说："吾亦自幼笃志二氏，自谓既有所得，谓儒者不足学。"早年体弱多病的他对道教的养生内丹说颇为痴迷，甚至因此错过了自己的大婚之日。贬谪龙场后，郁郁寡欢的他在石墩上"日夜端居澄默，以求静一"，这样静坐了一段时间后，他开始变得超脱自在，并且最终领悟了"格物致知"的要旨，颇有因祸得福之意味。不过，在阳明心学中，道家的因素更为鲜明。这突出表现在他对"知"与"行"辩证关系的认识上。

他说："知是行的主意，行是知的工夫；知是行之始，行是知之成。若会得时，只说一个知字，已自有行在；只说一个行字，已自有知在。"在《传习录》中还说："知之真切笃实处便是行；行之明觉精察处即是知。"在王守仁看来，"知"中有"行"，"行"中有"知"，"知""行"本为一体两面，互为表里，相互转化。王守仁还指出："真知即所以为行，不行不足谓之知。"这句话强调了"知"的实践意义与价值，倡导将良知贯彻到日常生活的各种实践之中，纠正了离行以求知的偏颇。这也是王守仁针对时弊对症下药的举措。

此外，他眼中的儒学"以无我为本"，还提醒学生注意"人心本是天然之理"。他指出当心学达到"纯明"的最高境界时，就能够体会万物归一之妙，就不再有人我之分、物我之别。这样的说法颇有庄周"物我齐一"的意味，在精神意念和价值取向上完全消解了自我与他人的界限，消弭了一切差异与对立，由此人便可以从一切是非得失中超脱，进入真正的大自在的境界。

王守仁去世后的百年间，阳明心学不断涌现出新的后学，后世学者从中汲取思想营养，构建自己的思想体系，无论在学术界还是民间，都形成了极大的影响。这与阳明心学中取自于儒道释三家的丰富思想毫无疑问是息息相关的。

林兆恩归儒宗孔

　　明嘉靖三十年（公元 1551 年）的兴化府（今福建省莆田市），一个全新的宗教团体正在兴起。这一地方性的民间宗教历经百年浮沉，发展至今已拥有数十万海内外信徒。它就是宣扬儒道释"其教虽三，其道则一"的三一教。

　　三一教的创始者是当地一位不第书生——林兆恩。林兆恩出身于官宦世家，三十岁以前他按部就班地走着士人读书做官的道路，但三次乡试不第的失败经历，促使他毅然弃绝举业，潜心学道，其间遇到有"小仙"之称的同乡道士卓晚春，二人一见如故，谈天论道，切磋内丹，"卓狂林颠"的名号不胫而走；三十五岁时，他自称"路遇明师，授以真诀"，创立三一教，并开始在莆田地区活动。当时的林兆恩并没有以教主自称，三一教的宗教色彩并不浓厚，活动也侧重于探讨诸如"三教之同，俗学之病"以及四书五经等学术问题。嘉靖中后期，莆田地区倭寇侵扰、瘟疫横行，林兆恩毁家纾难，鬻卖田地，救济贫民，医治瘟疫，同时用得自名师的艮背法教习民众强身祛病，据说连抗倭名将戚继光也曾得林兆恩亲授心法，治愈了疾病。"三教先生"林兆恩由此获得极高的社会赞誉，民众也开始神化林兆恩具有起死回生、祛病伏魔的神力。与此同时，三一教也逐步走向宗教化。到了林兆恩晚年，伴随着各地三一教堂的建立，三一教最终完成了宗教化进程，林兆恩也摇身一变而成"三一教主"，完成了从学术领袖到宗教领袖的转变。

从学术传承来看，林兆恩是阳明心学分支姚江别派中的代表人物。他继承了王守仁的心学和三教合一观，主张"心"是宇宙的本源，构建了"以心为宗"的三教合一思想体系。在他看来，儒道释三家本出于一道，此道"混于一身之内，无适而非儒，无适而非道，无适而非释"（《三教会编要略》卷九）。三教同出之"道"其实就是作为宇宙本源的"心"，林兆恩认为"孔子之学，心性也；黄帝老子之学，心性也；释迦之学，心性也。心性，本体也"（《林子三教正宗统论》），因而宣称"心一道一，而教则有三"（《林子三教正宗统论·三教合一大旨》）。

嘉靖四十四年（公元 1565 年），林兆恩在"以心为宗"的基础上提出了"归儒宗孔"的主张。这一主张包含两个层面的内容，即佛老二教归孔子之儒以及后世儒学归孔子之儒。前一个层面强调了儒学在儒道释三教中的主体地位，林兆恩曾说过："余所谓三教合一者，欲以群道释者而儒之。以广儒门之教而大之也。"（《林子三教正宗统论》）这也将三一教与全真道等民间宗教区分开来，明确了三一教以儒家为主导的属性。后一个层面突出了孔子思想的地位。不过，林兆恩所谓的孔子之儒并非以孔子为代表的原始儒家思想，而是阳明心学，正如他自己所说的"余之所以为学者，宗孔也，余之所以宗孔者，宗心也"（《夏午真经》）。从这点上来说，"归儒宗孔"其实就是重申了"以心为宗"的主张，将三教统摄在了"心"之下。

林兆恩的三一教带有明显的儒道释三教合一特征。三一教奉夏午尼氏

（林兆恩）、儒仲尼氏，道清尼氏、释牟尼氏为"四尼宗师"，并将孔子、释迦牟尼、老子合祀一堂。林兆恩还将儒家的世间法和佛老的出世间法融为一体，强调三教在体用上的作用，"知经世而不知出世，有用而无体也，其流必至于刑名而术数；知出世而不知经世，有体而无用也，其流必至于荒唐而枯槁"（《林子三教正宗统论》）。他摒弃了佛老二家中的鬼神仙佛之说以及彼岸说之类的宗教思想，并坚决反对佛老入山林出家式的修道方式，三一教因此呈现出了世俗化的特征，门徒不仅可以娶妻生子，还需要从事士农工商各业。

林兆恩的三教合一理论还体现在他的"九序心法"上。心法以"心"为宗，以恢复心之本体为修炼宗旨，是融合了儒家伦理和佛教虚空本体的道教内丹理论。心法分为"立本""入门""极则"三个阶段，分别对应儒、释、道三教，修习者需循序渐进地完成修持。

"立本"是为明人伦。在林兆恩看来，儒家的纲常伦理是修炼的基础，只有先尽人道，方可学习心法并登真成圣。他曾劝导门徒："自古至今，未存不忠不孝而能成仙作佛者，以人道至重故也。"（《林子三教正宗统论》）三一教在《初学诸生告天矢言》中明确提出了"以三纲五常为日用，入孝出弟为实履"的要求。对于不遵循四业三纲的世之学者和所谓的高明之士，林兆恩也提出了质疑："抑岂知炼之以三纲，炼之以五常，以士以农以工以商，乃所以消磨气质，而为吾进修之一大助邪？"（《林子三教正宗统论》）所有三一教的新门徒都被要求当空焚化《初学诸生告天矢言》，这个颇具形式感的仪式是"立本"阶段的组成部分，突出了儒学的根本地位，体现出林兆恩"归儒宗孔"的主张。

"立本"阶段只是"九序心法"的铺垫，类似道教内丹派的"筑基"，心法主体是由"入门"和"极则"两个阶段构成的。

"入门"是为"明心法"，主要内容是道教内丹修身炼性的理论，对应心法中一序到六序的内容，基本就是道教内丹派"炼己筑基、炼精化气、炼气化神、炼神还虚、炼虚合道"修炼步骤的迁移，最终目的是达到神气互凝、性命合一、结成阳丹、脱离生死的境界。

不过，林兆恩在道教内丹理论中融入了心学的元素。传统的道教内丹理论讲究意守丹田，而九序心法则要求意守艮背。林兆恩对此的解释是："背"字从北从肉，北方属水，心属火，二者都非凡物，不但不会因为彼此而水干火灭，反而能"交相养，而互相用"（《林子三教正宗统论》），使心归于清净，恢复心本来虚明的本体，将作为宇宙和儒道释三教本源的"心"与道教内丹理论相结合。又如，静坐是道教内丹理论的重要心法之一，道教内丹理论认为通过打坐能放松身心而达到入静的状态，进而使心与道合一；林兆恩却提出"静不在坐，坐岂能静，心一无他，是谓主敬"（《林子三教正宗统论》），强调了心性对于入静的重要作用。他还说"存养之功，亦不当专在静坐时，须于日用动静之际，无处不下工夫，乃无间断尔"（《林子三教正宗统论》），主张存心养性应始终落实在日常生活的动静之中，而不局限于静坐。

"极则"是为"体太虚"，对应心法中七序到九序的内容，兼有道教和佛教两家思想。心法第九序中的"虚空粉碎，以证极则"是道教内丹派的"撒手功夫"，也是内丹修炼的极致境界，但"虚空粉碎"本是禅宗的理论，指的是禅定之功至于入灭证果、涅槃的精神境界。林兆恩将佛教"虚空本体"的概念纳入心法之中，并将其视作最高的修炼目标。林兆恩认为："学道若会到此，则释氏无法可说，道氏之道不可道，孔氏之无言无隐，其教皆不我欺矣。"

学者林国平曾将林兆恩的三教合一观概括为"一种以阳明心学为基础，以儒家的纲常人伦为立本，以道教的修身炼性为入门，以佛教的虚空本体为极则，以世间法与出世间法一体化为立身处世的准则，以归儒宗孔为宗旨的三教同归于心（天然自足的本心）的思想体系"（《林兆恩与三一教》）。这样的三教合一观与时代有着密切的关联。历史学家余英时曾说:"唐宋以来中国宗教伦理发展的整个趋势,这一长期发展最后归于明代的'三教合一',可以说是事有必至的。"(《中国近世宗教伦理与商人精神》)中国宗教伦理本身的发展程度加以明代阳明心学的强化,都为林兆恩以及后人的三教合一观奠定了坚实的基础。

方以智的
三教合一与二圆融一

方以智是明末清初著名的思想家、哲学家。他出身于桐城的儒学世家，曾祖方学渐、祖父方大镇，父亲方孔炤都是当时有学问的名士。方以智学贯中西，自幼学习儒家经典，对《易经》尤为精通，同时对自然科学也有所涉猎。他曾在崇祯朝及南明弘光政权中为官，清兵大举南下后，走上逃禅之路，开始潜心钻研学术问题，在人生最后的二十年间，他以曹洞宗僧人的身份写就了《易余》《东西均》《药地炮庄》等代表作。

方以智一生出入儒道释三教，主张三教合一。他的代表作《药地炮庄》是用佛理诠释《庄子》的作品。明末清初的钱澄之在《通雅》序言中指出，方以智的作品"好作禅语，而会通以庄、易之旨，学者骤读之多不可解"。晚年入禅后，他时常对人说："教无所谓三也，一而三，三而一者也。譬之大宅然，虽有堂奥楼阁之区分，其实一宅也。门径相殊，而通相为用者也。"这段颇有王守仁"三间共为一厅"的旨趣。他在《东西均·神迹》中说"今而后，儒之，释之，老之，皆不任受也，皆不阂受也"。体现出他对于三教关系的思考。

方以智主张三教合一的原因有二，其一是三教自身存在不足。在《东西均》中，他指出"自弦拨之指、点睛之笔，以至鲁共之壁、灵山之花，皆迷药也。而皋比座、曲录床，一据不可复舍，迷药尤毒"。这段话中的"弦拨之指""点睛之笔""鲁共之壁""曲录床"分别意指玄学、佛教、儒学和禅学。他批评道家"老庄之指，以无知知，无为而无不为，归于自然，即因于自然。自然岂非所以然乎？所以然即阴阳、动静之不得不然，中而双表，概见于形气"。他批评佛教教义高深而玄虚，有理论但缺少具体事例辅之。他也批评儒家，不过将矛头指向了明代理学家，指出他们只知空谈性命，不明儒家真义，不能因时而变。对于理学慕禅傍禅的倾向，他也提出批评："理学出而以实辟虚，已又慕禅之玄；而玄其言以胜之者，皆不知天地之大而仲尼即天地也，其所执之实与玄，皆迹也。"

面对三教各有不足的情形，方以智提出了三教合流的解决之道，他说"可以知白守黑之药柔之，是谓以老救释"（《东西均》），或"以释救老"，或"孟子留庄子以相救"（《东西均》）。他将三教中的一教比作救助另外二教之"药"，隐含着三教只有会通融合，方能消除各自片面性的深意。

方以智在《象环寤记》中以寓言的方式表达了三教合一的必要性。在这个颇有《庄子》风格的寓言中，他杜撰出赤老人、缁老人、黄老人的形象，分别象征儒家、释家和道家。三老论辩不已间，蒙媪从天而降，批驳三老想用儒道释之学说教世人的行为无异于"以迷捄迷"，然后蒙媪拿出香药给三老，这香药是用自然、伦物、典籍为炉灶和薪火做成的，而且与蒙媪同寿。三老相顾，安然地说："公心吐出矣。"最后蒙媪又吐出了一个名叫震长的婴孩，随着婴孩一跳，三个老人、蒙媪连同婴孩瞬间全都不见了，只留下绵绵不绝的余香。寓言的结局意为三教的真正融合，但若要实现这一点，必须确立公心，而欲确立公心，就要像婴孩般不知生死，以死活人，即消除成见方可带来新的生活。

三教合一观形成的另一原因，则是方以智的"私心"。他因受到来自清廷的压力而被迫做出逃禅的决定，不过儒家提倡的世俗生活仍旧是他所憧憬的。当理想与现实间形成了巨大的反差时，方以智开始思考入世与出世、生与死的问题。他得出的答案就是"世出世""生死自生死，可出可入"的人生哲学观点。由此，他将"入世"和"出世"等同，以此来化解自身的人生困境。

方以智的三教合一尝试之一是在哲学层面上展开的。他通过对一和二关系的论证，确立了"二非定二，二本是一，一不住一，一即是二"的圆融理论，并将儒道释三教统摄其中，由此建立起超越三教的哲学体系。

他通过观察，得出天地之间充满着"二"的结论，诸如虚实、动静、阴阳、形气、道器、昼夜、幽明、生死等莫不如此，而"二"又以"一"为本原，正如他所说的"两间无不交，则无不二而一者也""二即真，谓之不二"（《东西均》）。这样的"一"不是通过自身表现出来的，而必须体现在"二"中，所谓"一不可言，而以因二济"（《东西均》），就好比"虚实""动静""阴阳"等词都是由一组相对的概念所构成，其中任何一字都不能完全体现它在词中的含义。由此，方以智得出"一不住一，一即是二"的结论。由二到一，再由一到二，通二为一，圆融无碍。

在此基础上，方以智重新审视了儒道释三家，使其服膺于体系，进而使三教合一成为可能。在他看来，儒家所提倡的"一以贯之"之道，佛教的"三谛"以及道家"以无知知"皆为"一二"圆融关系的体现。

方以智用"一"与"多"的关系来解读儒家的"一以贯之"之道，他说："一是多中之一，多是一中之多；一外无多，多外无一，此乃真一贯者也。"（《一贯问答》）"一"指的是一体寂然，"多"指的是万象纷纭。在万象纷纭的"多"后是一体寂然的"一"，而"一"又能生化出万象纷纭的"多"，但由于万象纷纭脱离不了其两端，所以"一多"关系本质上就是"一二"圆融。

在解读佛教"三谛"时，方以智说："中谛统真、俗二谛，而中谛、真谛要以妙其俗谛……俗谛立一切法之二，即真谛泯一切法之一，即中谛统一切法之一即二、二即一也。"（《东西均》）"俗谛立一切法"，代表现象之有，为"二"；"真谛泯一切法"，代表一切法而知其为无，为"一"。这一说法又满足了"一二"圆融。

至于道家，方以智认为"老庄之指，以无知知，无为而无不为"（《东西均》）。他将"以无知知"解释为"人有心而有知：意起矣，识藏矣，传送而分别矣……心以无知之知为体。曰'无知'者，祛妄觉也；曰'无知之知'者，祛廓断也……故圣人知而无知，以无知知"。（《东西均》）可见，无知即没有分别，故为"一"；知为分别，故为"二"。

至此，方以智从哲学层面上完成了三教的融合。

方以智还采用了一种三分格局来表现圆融体系，他说："明天地而立一切法，贵使人随；暗天地而泯一切法，贵使人深；合明暗之天地而统一切法，贵使人贯……究竟统在泯、随中，泯在随中。三即一、一即三，非一非三，恒三恒一。"其中"随"指随和俗见，以万法为实有；"泯"指的是泯灭万象，知实相乃本无；"统"就是统合有无，认为众法亦有亦无，非有非无。简单来说，"随"为"有"，"泯"为"无"，而"统"为"有无"，前两者为"二"，后者为"一"。"随"泯"统"其实是"一二"圆融关系的另一种表达。

方以智曾比较过三教的差异，并得出结论："孔子尽性、知命而罕言，言学以正告也；老尊命以殉性，反言者也；佛尊性而夺命，纵横倍仵者也。佛好言统，老好言泯，大成摄泯于随、贯而统自覆之，何麤麤为？"（《东西均》）但是在三分格局的体系下，保有各自独特个性的三教在本质上也是统一的。

方以智曾说自己"是儒是释是老，非儒非释非老"，这种说法带有鲜明的禅意，何尝不是他三教合一观的再现呢？

民俗中的三教融合

自从佛教在两汉之际传入中国，儒道释三教便开启了漫长的融合之旅，相传成书于东汉的《牟子理惑论》是为发端。但自此以后的千百年间，三教内部往往囿于门户之见，导致融合只能在坎坷中前行。与此同时，民间社会却已悄无声息地在神祇谱系、神祇合祀和节日民俗等多方面融合了三教。

儒道释拥有各自的神祇谱系，三教神明保持独立、互不重合，就如同三个国家的官员不能跨国任职。但在明代，三教信仰崇拜体系出现了合一的迹象，出现了一些融合三教的神祇，其中最具代表性的就是关羽和妈祖。

关羽是中国民间最为典型的神人信仰。他本是三国时期蜀汉政权中的一员大将，自隋唐以降，先后被佛教、道教和儒家神化，到了明代，关羽已成为三教共同奉祀的神祇。他既是佛教的护法伽蓝，又是道教的天尊，还是儒家忠烈节义的武圣。成书于明中期的《三界伏魔关圣帝君忠孝忠义真经》中称关羽君临三界，"掌儒道释教之权，管天地人才之柄"。

妈祖本是福建莆田地区的一位地方神祇，因其生前能知人祸福，死后得到当地民众的奉祀。南宋时，道教和佛教开始向妈祖传说中渗透本教的因素，并先后将妈祖纳入自己的神祇谱系；儒家则用封建宗法关系来影响和改造妈祖崇拜，使功德和忠孝成为妈祖的基本神性。文人儒士的行为使妈祖在历朝历代多次得到褒封，地位和影响力日益提升，妈祖信仰也逐渐遍及中国东南沿海各省及东南亚华人社会。

三教的融合不仅体现在信仰崇拜体系上，还表现在合祀各家神祇中。寺庙供佛、道观供神、文庙供孔，三家神祇各有归属。然而明英宗时，民间兴起了三圣祠，祠中将老子、孔子和释迦牟尼绘于一张图上进行合祀，打破了这一定规。无独有偶，明嘉靖年间出现的三一教，奉创立者夏午尼氏林兆恩、儒仲尼氏，道清尼氏、释牟尼氏为"四尼宗师"，将孔子、释迦牟尼、老子合祀一堂。始建于明永乐年间的宁夏中卫高庙中同时供奉着释迦牟尼、菩萨、玉皇、圣母、文昌、关公等三教神祇。

三教的融合还能从一些传统节日和民俗中得窥一角。农历七月十五的中元节（佛教称盂兰盆节）是同属三教的民间传统节日，在这一天，儒家祭祀亡亲，道教祭祀鬼魂，佛教则要超度地府恶鬼以助其轮回。尽管三教的行为都与祭祀有关，但折射出的情怀与智慧却各有特色。此外，起源于宗庙社郊制度的庙会，后来被佛教、道教吸收，成为三教共享的民俗活动，并一直延续到了今天。

儒道释三教在民间融合的原因多样，难以一言蔽之。从三教的立场出发，融合能有效争取信众、扩张势力，三教先后吸纳关羽和妈祖这样的神人信仰即为最典型的例证。从民众的立场出发，三教融合能在更大程度上帮助民众追求现世的幸福。这一观念的形成与民间三教的世俗化以及民众的宗教心理息息相关。

首先，三教在民间都呈现出高度世俗化的特征，儒不谈性、气、理，道不谈性命双修，佛不谈心性，所有的焦点都无一例外地落在满足个体

儒道释会通的人

168

的现世功利愿望上。例如，儒家的祭祖仪式一方面表达慎终追远及感恩报德的孝心，另一方面又寄托了渴望祖先恩荫赐福、避免生端降祸的现实意愿；道教在民间和巫觋之术相结合，形成了包括祈雨、驱鬼、疗病、祈梦、求签等在内的各类仪式，以解决各类现世问题；就连本应治出世的佛教也未能免俗，中国民间的各类观音就是最为典型的例证，尤其是送子观音，佛典中本无此名，它本质上是融合儒家螽斯衍庆、传宗接代观念的"原创"观音形象，寄寓了民间传宗孝养的期望。

其次，从宗教心理来看，传统社会中的国人多怀着"现世现报""有求必应"的功利性期待。绝大多数前往寺庙、道观参拜之人，往往并非真正的教徒，而主要是为了祈求现实的利益。诸如炎黄二帝、工匠之祖鲁班、灶神、门神等传统神祇都因其有功于民间而被奉为神明。在与神祇打交道时，人们往往选择最为世俗的方式，即通过捐献财物来换取神祇的庇佑。一座寺庙或道观的香火旺盛与否取决于神祇的灵验程度。社会学家费孝通在《眼望上帝魂归上帝》中就曾指出："我们对鬼神也很实际，供奉他们为的是风调雨顺，为的是免灾逃祸。我们的祭祀有点像请客、疏通、贿赂。我们的祈祷是许愿、哀乞。鬼神在我们是权力，不是理想；是财源，不是公道。"追求功利性的宗教心理直接影响着民众更倾向于多神崇拜，因为这意味着能够获取更多神明的庇佑，神祇合祀就是这种心理的外化。

在民间三教共趋世俗化以及功利性的宗教心理的共同作用下，三教融合在民间水到渠成，并渗透到了生活的不同领域中。以丧礼为例，古代的丧礼作为孝道的组成部分，具有举足轻重的地位，因此形成了一整套复杂而完整的礼仪，《仪礼》中有四篇文章专门描述丧礼的具体礼仪，《礼记》中有"五服"这样细致的丧服制度。佛教的传入对传统的丧礼产生了深刻影响，民间社会渐渐出现了披麻戴孝的孝子贤孙在一众僧人的念经声中号啕大哭的现象，因为通过隆重的法事，不仅能增加死者的功德，使之顺利升天或来世投个好胎，而且也能让逝者感受到来自生者的诚意，从而对生者恩荫赐福。

追求现实幸福思想的形成与中国传统社会中注重现世的文化有着密不可分的关联。

中华文明是典型的农耕文明，信奉一分耕耘一分收获，"重实际而黜幻想"的务实精神深深扎根于中华传统文化。注重现世的文化底色使处在传统社会中的国人对宗教始终保持着较为淡漠的态度，"无事不登三宝殿""临时抱佛脚"等俗语其实都是这种态度的真实写照。国人面对着满天神佛，却并不始终保持敬畏的姿态，而时常会用"若不与人行方便，念尽弥陀总是空"之类的话语来调侃戏谑。宋代苏轼在杭州曾做过一篇《祈雨龙祠祝文》，抄录于下：

> 神食于民，吏食于君。各思乃事，食则无愧。吏事农桑，神事雨旸。匪农不力，雨则时啬。召呼风霆，来会我庭。一勺之水，肤寸千里。尚飨。

在晓之以理、动之以情的祝文背后，苏轼毫不掩饰地流露出了对雨龙的诘难。

孕育于农耕文明之中的儒家文化又在客观上强化了注重现世的传统，加之西汉武帝以降，儒学所拥有的官方意识形态的地位使"子不语怪力乱神""未知生，焉知死"的思想影响国人长达千年之久。正是在这样的理性传统之下，才出现了王充的《论衡》，范缜的《神灭论》以及韩愈《论佛骨表》等带有鲜明无神论色彩的作品。而注重现世的传统或许才是三教在民间融合最为深层的原因所在。

九 突破

《西游记》的游戏三教

　　鲁迅先生在《中国小说的历史的变迁》第五讲中表达了对《西游记》写作意图的看法："至于说到这书的宗旨，则有人说是劝学；有人说是谈禅；有人说是讲道，议论很纷纭。但据我看来，实不过出于作者之游戏，只因为他受了三教同源的影响，所以释迦、老君、观音、真性、元神之类，无所不有。"由此看来，吴承恩的这本书诚然取材于佛教故事，并受儒道释三教影响，但终究是一部涉笔成趣、乃至解构三教的作品。

　　时至明朝，三教合流的趋势已经十分明显，《西游记》中到处都能找到体现三教融合的文字。明人袁于令在《西游记题词》中对《西游记》的评价颇为精到："说者以为寓五行生克之理，玄门修炼之道。余谓三教已括于一部，能读是书者，于其变化横生之处引而伸之，何境不通？何通不洽？"意指《西游记》将三教的教义熔于一炉，读者通过阅读此书就能领会三教大要。就拿孙悟空的第一任师父菩提祖师来说，从名号看是佛，从修炼方法看是道，但又以禅宗的棒喝来开悟孙悟空，正所谓"说一会道，讲一会禅，三家配合本如然。开明一字皈诚理，指引无生了性

玄"。(《西游记》第二回)

从《西游记》故事中的人物体系看，作者把佛教和道教的各路神佛汇聚到一个世界中，而等级森严的天庭君臣关系和唐僧一行的师徒关系又体现了儒教人伦的特点。

道教系统的神仙浩如烟海，从天上的二十八宿、海里的龙王，到陆地上的山神、土地爷，还有关涉凡间生老病死各个领域的职能神仙。而如来佛祖手下的菩萨僧众不直接参与天地的管理工作，却因如来佛神通广大而受到玉皇大帝的尊重。孙悟空大闹天宫时，玉帝请如来佛祖出手帮忙，随后还召开"安天大会"表示感谢并让如来坐了首席。

而天庭诸神的关系则近乎中国古代君臣关系的翻版，这跟希腊神话中虽有天帝宙斯，但诸神各司其职的情况很不一样。玉皇大帝虽然没什么具体的本领，但在天庭却拥有绝对的权威。卷帘大将在蟠桃大会上失手打碎琉璃盏，结果被贬下凡间，还要经受每七日飞剑穿其胸肋百余下的酷刑。

在唐僧师徒关系中，孙悟空是视师如父的典型代表。在第八十一回中，唐僧对因得病而耽误了行程心怀歉疚，孙悟空却宽慰师父说："师傅说那里话！常言道：'一日为师，终身为父。'我等与你做徒弟，就是儿子一般。"

再从《西游记》故事的主线"唐僧取经"来看，一个典型的佛教故事却是靠儒教和道教来建立它的正当性和神圣性的。

唐僧经历八十一难取得真经，也最终修炼成佛，但他西行取经的根本目的并非为了个人修行，而是作为唐朝臣子和使者前去的。第十二回中，唐太宗问谁能西行取经，唐僧回禀道："贫僧不才，愿效犬马之劳，与陛下求取真经，祈保我王江山永固。"忠于唐王、不辱使命是唐僧一路上的重要驱动力。

另一方面，唐僧作为金蝉子转世，他的肉体具有十世元阳未泄的独特属性，这也使他成为执行取经任务的不二人选。不仅如此，元阳未泄也让唐僧的肉体成为各路妖魔鬼怪的垂涎之物——据说吃到唐僧肉能够长生不老，而女妖怪则往往希望与唐僧行夫妻之礼，直接获得他的元阳。有一次唐僧被女妖掳去，孙悟空说："倘若（师父）被他哄了，丧了元阳，真个亏了德行，却就大家散伙。"可见，元阳是唐僧取经资格的身份认证。"元阳"的概念乃至"元阳不泄"的说法，实际上来自道教。《道藏》中托名吕洞宾所说的修炼之法就是"常存其身之元阳真一太和纯粹之气，则坐致长生矣"。

综上来看，吴承恩受三教合流的影响极大，但在书中却处处体现着对三教的贬损、解构。表面的庄严堂皇使许多读者乃至研究者以为《西游记》的立书之本是说教，而实际上调侃戏谑才是它的灵魂。第四十七回中，孙悟空向车迟国王说出治国之道："望你把三教归一，也敬僧，也敬道，也养育人才。我保你江山永固。"而憨愚的猪八戒在同一回中却对陈家庄庄主说"我们是扯谎架桥哄人的大王"，直接把取经的意义感和神圣性给否定掉了。

唐僧师徒在西行路上遇到的妖魔鬼怪多数都有道教或佛教的背景。第十六回中，观音禅院的金池长老为了夺取唐僧的袈裟，想要放火烧死唐僧师徒，最终自取灭亡；第三十七回中，文殊菩萨的青毛狮子下界化作全真道人，把乌鸡国国王推入井中，篡夺了王位；第四十四回中，车迟国的虎力、鹿力、羊力三位大仙谋夺了国师之位，暴力驱逐佛教徒，最终都在与孙悟空的斗法中死于非命；第七十三回中，在黄花观修炼的多目怪蜈蚣精为替七个蜘蛛精报仇，毒倒唐僧，最终被卯日星君的母亲毗蓝婆收服……

如果说这些"反派"只是佛道界的小人物，那么连如来佛祖手下的阿难、迦叶尊者都有看上去不那么高尚的举止。唐僧师徒历经磨难到达灵山，负责传经的两位尊者向他们索要"人事"，遭拒后把无字经书传给了唐僧。孙悟空怒而向如来佛祖告状，如来佛祖不但没有怪罪两位尊者，反而对孙悟空说："只是经不可轻传，亦不可以空取，向时众比丘圣僧下山，曾将此经在舍卫国赵长者家与他诵了一遍，保他家生者安全，亡者超脱，只讨得他三斗三升米粒黄金回来，我还说他们忒卖贱了，教后代儿孙没钱使用。你如今空手来取，是以传了白本。"最后，唐僧拿出紫金钵盂充作"人事"，才取得真经。如来佛祖脚下的西方净土也沾染了铜臭，这跟人们对佛法庄严的惯常认知似乎是相悖的。

除了直接贬损佛道人物，吴承恩还用他充满谐趣的文字来消解宗教的庄严感和崇高感。如来佛祖将孙悟空封印在五行山下的六字真言"唵嘛呢叭咪吽"的谐音竟是"俺那里把你哄"；唐僧掉入通天河水中，猪八戒多次调侃说师父改名叫"陈到底"（谐音"沉到底"）了；车迟国那一段，猪八戒把道教至高的三清神像丢进茅厕，还与孙悟空、沙僧一起用尿液假作圣水哄骗三位国师喝下……

有人说，吴承恩对佛道（尤其是道教）的调侃是由于明世宗佞道，是讽谏现实的写作手法。而实际上，作者未必有如此高蹈的写作意图。无论是索要"人事"还是略显恶俗的"屎尿屁"，都体现了浓郁的世俗生活气息。这种摆脱了单纯的善恶评价的写作姿态，连同作品中大量的俚语俗趣，使得这部神魔小说呈现出格外吸引普通读者的特质。

吴承恩将三教的神圣拉向世俗，将神魔拉向人间。鲁迅在《中国小说史略》中说："（作者）禀性善谐谑，故虽述变幻恍忽之事，亦每杂解颐之言，使神魔皆有神情，精魅亦通世故，而寓有玩世不恭之意。"当一位作者用自己的写作才华来自娱娱人的时候，这作品可能会更为丰富生动，也更接近纯粹的文学。这大概就是《西游记》能不断被改编成影视剧的原因之所在吧。

离经叛道

《金瓶梅》的大悲悯

明代世情小说《金瓶梅》在文学史上一直充满了争议和谜团，也因为其中大量的性描写而常常逃不开被禁或被删节的命运。然而这本书始终彰显着无穷的魅力，作者躲在兰陵笑笑生这个署名的背后肆意表达他对传统文化和晚明社会的认识，也流露出他对生命的与众不同的观照。

《金瓶梅》无疑是一本"离经叛道"的书，但书中有时又有极其"一本正经"的论调。用世俗的眼光来看，书中所写的人物几乎都是不道德的，作者在叙事的过程中经常会现身说教，强调自己道德训诫的意图。

自称兰陵笑笑生朋友的欣欣子在为《金瓶梅》词话本所作的序中说："窃谓兰陵笑笑生作《金瓶梅》传，寄意于时俗，盖有谓也。……无非明人伦，戒淫奔，分淑慝，化善恶，知盛衰消长之机，取报应轮回之事。……祸因恶积，福缘善庆，种种皆不出循环之机。故天有春夏秋冬，人有悲欢离合，莫怪其然也。合天时者，远则子孙悠久，近则安享终身；逆天时者，身名罹丧，祸不旋踵。"欣欣子的这段话替兰陵笑笑生概括了三点写作意图：一，明人伦，戒淫奔，分善恶，此为儒家思想；二，阐明盛衰有常、福祸相倚、循环往复的道理，此为道家思想；三，揭示因果报应和轮回观念，此为佛家思想。

书中展现了各种人物的贪婪、无耻、狠毒、纵欲，作者在书的结尾写道："楼月善良终有寿，瓶梅淫佚早归泉。可怪金莲遭恶报，遗臭千年作话传。"这四句的意思是吴月娘、孟玉楼为人和善，因此能得高寿；李瓶儿和庞春梅为人淫荡，所以早夭；而潘金莲害死了武大郎，最终被武松割头开膛，不得善终。人生的逻辑被简化为善恶有报的道德教化，然而无论是在现实生活中还是在小说中，这种逻辑都是经不起推敲的。西门庆最终死于纵欲过度，而他犯下的过错乃至罪行压根没有得到清算。

可见，作者刻意迎合了儒道释三教中劝人向善的价值观，以最为通俗的方式体现了儒道释的合流。这种"一本正经"的姿态恐怕并非作者本意，而只是为了用正统价值观来作为这本书的保护伞，使它能够摆脱被彻底封禁的危险。《金瓶梅》以"淫书"的表现形式、戏谑恣肆的行文风格和匿名写作的创作姿态提示我们：这是一本离经叛道的书。

《金瓶梅》大约成书于明朝万历初年，这时的大明帝国虽然表面上商业繁荣、四海升平，但官僚集权统治日益腐朽，整个王朝正不断走向没落。这本书用宋徽宗时代的故事来暗讽晚明政治的弊端：皇帝昏庸、宦官专权、奸臣当道、吏治腐败，荒淫无度……明人沈德符在《万历野获编》中认为《金瓶梅》故事中的权臣皆有所指："蔡京父子则指分宜（笔者注：分宜即明朝嘉靖时期的奸臣严嵩），林灵素则指陶仲文，朱勔则指陆炳，其他各有所属云。"

当时的知识分子对于晚明社会腐朽的状况颇感无力，儒学似乎也无法提供现实问题的解决方案。两宋以来的儒学发展强化了心性、理学等形而上的理论，在学术上渐渐脱离普通人的认知范围；而儒家学说的一部分内容又被统治集团利用，成为束缚人们思想、整饬伦常纲纪的手段。士子们为了通过科举入仕，不得不大量背诵经朱熹注释的儒家经典，"存天理，灭人欲"被歪曲，以致成为压制人性、强化统治的思想工具。正如《万历十五年》中所说："当一个人口众多的国家，各人行动全凭儒家简单粗浅而又无法固定的原则所限制，而法律又缺乏创造性，则其社会发展的程度，必然受到限制"，在这种情况下，势必出现颠覆性的力量，思想方面的李贽和文学方面的《金瓶梅》就是代表。

兰陵笑笑生的离经叛道并不意味着他要颠覆传统价值观，而是以一种近乎戏谑的方式来呈现价值观的崩坏。《金瓶梅》崇祯本第一回写西门庆热结十兄弟："伏为桃园义重，众心仰慕而敢效其风；管鲍情深，各姓追维而欲同其志。"十兄弟打算模仿《三国演义》中的桃园结义，可西门庆结交的却不是什么英雄豪杰，而是些游手好闲之徒。后来西门庆勾引兄弟花子虚的老婆李瓶儿，气死了花子虚。可笑、卑鄙、猥琐、无耻的"结义"取代了庄严、英雄气、肝胆相照的结义。

但书中并不都是滑稽与粗鄙，在浮华放荡的表象背后，依稀露出真实人性的影子。有夫之妇宋惠莲与西门庆家的仆人来旺勾搭上了，她老公死后她便嫁给了来旺。到了西门府，她又成了西门庆的姘妇，且在府中恃宠而骄，十分高调。来旺出差归来，听说老婆跟西门庆有染，就借着酒劲扬言要跟西门庆拼命。来旺因此被下了牢，宋惠莲前去替他求情，西门庆先是答应，后来又因为潘金莲的煽风点火而反悔。宋惠莲说西门庆"把圈套儿做的成成的，你还瞒着我"，最终自杀而亡。宋惠莲因为自己寻欢作乐而导致丈夫被遣送徐州，内心可能是有愧疚的，但这份愧疚用死来偿还是过于沉重了，宋惠莲的心中或许还有被西门庆辜负的绝望吧。正是这种无法细说、扑面而来的感伤扼住了宋惠莲，也让读者唏嘘、沉默。

"食、色，性也"（《孟子·告子上》），但是书中人们的欲望已经失衡，导致真实的人性以一种变形的方式呈现出来。女艺人申二姐到西门府上给正室吴月娘的大妗子唱曲儿，庞春梅等人另在一房，也让想她过来唱，结果申二姐根本不把她们放在眼里，气得春梅冲过去把她痛骂了一番，还快快地同众人说"她还不知道我是谁哩"。春梅原是吴月娘的丫鬟，后来被西门庆"收用"了，所以她觉得自己已经不是普通的丫鬟，已经因为男主人的宠幸而获得了高人一等的地位。春梅的气急败坏何尝不是对自我尊严、自我价值的一种扭曲了的渴求呢？

　　情欲是儒家向来回避的话题，过度的情欲更是为三教所否定，佛老之道都认为清心寡欲才是修行的不二法门，而兰陵笑笑生却把情欲放在小说主题的中心位置。李瓶儿在成为西门庆的小妾前，经历了三段不幸的"婚姻"，这些不幸的共同点就是李瓶儿的情欲得不到满足：先是被大名府梁中书纳为妾，但梁夫人嫉妒心极强，若对婢妾有所怀疑就直接把她们打死，所以李瓶儿无法亲近梁中书；第二次婚姻嫁给了花太监的侄子花子虚，但这段婚姻的实质是花太监以侄子为幌子给自己找了个女人，李瓶儿不能与丈夫沾身，只能伺候年老的太监公公；第三次婚姻的丈夫是行医卖药的蒋竹山，但他却是个性无能者。下场悲惨的李瓶儿原是个可怜人，她遇到滥情轻浮的西门庆，竟是最"幸福"的一段婚姻。

　　《红楼梦》的虚无是浪漫主义的，而《金瓶梅》的玩世不恭把道德的遮羞布全都撕扯开，以一种凉薄、露骨的方式告诉读者什么是真实的人性，告诉读者或热烈或黯淡的生命背后是无尽的荒凉。再回过头去看，所谓"善恶有报"只是打发凡夫俗子的"糖丸"罢了。

　　东吴弄珠客给《金瓶梅》写的序道出了其中三昧："读《金瓶梅》而生怜悯心者，菩萨也；生畏惧心者，君子也……"哲学大师牟宗三也说："《红楼梦》是小乘，《金瓶梅》是大乘。"书中的人们看似兴高采烈却皆身处苦海，正如报恩寺朗僧官为西门庆所念的偈文所言："伏以人生在世，如电光易灭，石火难消。……风火散时无老少，溪山磨尽几英雄。苦、苦、苦，气化清风形归土。"兰陵笑笑生颠覆了三教的世俗价值观，却以大悲悯彰显了自己的儒心、道心和佛心。

李贽的『童心说』

明代学者李贽在历史上是个颇有争议的人物，他眼中的自己是孔孟传统儒学的"异端"，好友焦竑眼中的他是仅次于孔子的"圣人第二席"，程朱学者眼中的他是"狂禅"，当代学者眼中的他是"一位走在时代最前列的有着最为孤绝的理性的先知先觉者"（许苏民《李贽评传》）。两极分化的评价都与李贽本身的思想学说密切相关，"童心说"是其文学与哲学思想的核心。

程朱理学自明初被确立为官学后逐步僵化，甚至出现了"咸以孔子之是非为是非"这样不切实际的论调。在李贽看来，六经、《论语》和《孟子》业已沦为"道学之口实，假人之渊薮"（《童心说》），成为道学家和伪君子粉饰自我之高牙大纛。"童心说"正是在此背景下提出的。李贽在同名文论中提出了"童心"的概念，并将"童心"定义为"真心""最初一念之本心"。在此基础上，他又宣扬了"天下之至文，未有不出于童心焉者也"的文学主张，认为文学作品应是作者真实情感与人生欲望的体现，同时批评了程朱理学给文学创作带来的负面影响，阐发了人的主体精神、独立人格与人生价值等自然人性论学说，这些言论折射出他身上浓厚的人文主义思想。

李贽的观念深受王守仁和王畿的影响。他本人是泰州学派的代表人物，泰州学派是阳明心学的后学，学派撷取了心学中个体意识觉醒的因素，主张独立思考，反对道学，揭露社会矛盾，表现出"离经叛道"的特征，是阳明心学的左派代表。李贽被日本学者岛田虔次称为"心学运动最后顶峰人物"（《中国近代思维的挫折》），他的"童心说"在"心体"及"致知"两方面继承了阳明心学中人文主义的精神内核，肯定了个体的主体地位，强调个体性意识和个性自由发展，建立起了自己的自然人性论学说。

在心体上，王守仁通过"心外无理"的主张，将程朱理学中隶属于天理的"性"归还到个体人心中，从而摆脱了程朱理学中天理对人性的绝对主宰，从客观上肯定了个性的价值与意义，彰显出个体意识。李贽的"童心说"延续了这一点，他说"童心者，心之初也"，如若失去童心，也就失去了真心，失去真心之人就会沦为一个彻头彻尾的假人，丧失本应具备的完整人格。"童心说"从"童心"的角度明确了个体的价值与意义。

在"致知"上，王守仁否认外部见闻是良知存在的前提条件，而是肯定了心的作用。《传习录》有云："良知不由见闻而有，而见闻莫非良知之用，故良知不滞于见闻，而亦不离于见闻，大抵学问功夫只要主意头脑是当，若主意头脑专以致良知为事，则凡多闻多见，莫非致良知之功"。李贽的"童心说"采纳并发展了这一观点，在他看来，"有闻见从耳目而入，而以为主于其内而童心失。其长也，有道理从闻见而入，而以为主于其内而童心失"。（《童心说》）外部见闻及随之而来的道理不但无助于"童心"，反而是导致"童心"流失的罪魁祸首。需要说明的是，李贽在文中所谓的"外部见闻"专指理学中的义理。他以古代圣人读书为例，来批判义理对人的戕害："然（圣人）纵不读书，童心固自在也；纵多读书，亦以护此童心而使之勿失焉耳，非若学者反以多读书识义理而反障之也。"（《童心说》）李贽主张不能受外部见闻的左右而损害童心。在这里，李贽也间接重申了个体意识的重要性。

李贽对阳明心学并非全盘接受，而是批判性地继承。他不仅扬弃了表现在阳明心学中受之于天的"良知"，以贴近自然人性的"童心"取而代之，而且摒弃了阳明心学中的儒学束缚及阶级意识。这样的学术观点表现出他对个体强烈的重视与关注，在继承前人学说的同时完成了超越。

王守仁认为心之本体是良知。它受之于天，是"（人之）所不虑而知者"（《孟子·尽心上》），带有鲜明的先验色彩。李贽用更贴近自然人性的"童心"取代了"良知"，他说"夫童心者，绝假纯真，最初一念之本心也"（《童心说》），"童心"由此获得了和朱熹的"天理"、王守仁的"良知"同样的本体性的高度与价值。

"童心说"还打破了"良知说"中的阶级意识。王守仁认为，良知是先验的、人皆有之的是非之心，他主张"良知良能，愚夫愚妇与圣人同"（《答顾东桥书》），但他又补充道："惟圣人能致其良知，愚夫愚妇不能致，此圣愚之所由分也。"（同上）这就将圣贤和愚人重新区分开来了。李贽则摒弃了王守仁的阶级观念，提出"侯王与庶人同等""圣人与凡人一"的平等思想，反映出他对人的主体精神的尊重。

学者杨国荣认为"童心说"和阳明心学的区别在于："童心不在于王守仁之心体（良知）的主要之点，便在于它已剔除了普遍之意理。由此出发，李贽对个体的存在给予了更多的关注：从内在的精神本体，到外在的人己关系，存在的个体之维都被提到了至上的地位。"（《杨国荣讲王守仁》）这段文字言简意赅地揭示出了"童心说"对阳明心学的超越。

李贽一生出入儒道释三教，曾解老解庄，六十二岁时落发出家。在他看来，儒道释三教相通，"儒道释之学，一也，以其初皆期于闻道也，必闻道然后可以死，故曰：'朝闻道，夕死可矣'……唯志在闻道，故其视富贵若浮云，弃天下如敝屣然也……然其期于闻道以出世一也。盖必出世，然后可以免富贵之苦也。"（《三教归儒说》）又说："道之于孔、老，犹稻黍之于南北也，足乎此者，虽无羡于彼，而顾可以弃之哉！何也？至饱者各足，而真饥者无择也。"（《子由解老序》）他的"童心说"也兼取佛老并将之融会贯通。

他汲取了道家"归真"之说。"真"是庄子哲学中的一个重要概念，在《庄子》中共出现六十五次。在庄子和庄子学派的学说中，"真"可指一种自然而然的状态，是宇宙万物存在的本相，又是主体与对象、自由与自然的统一，所谓"真者，所以受于天也，自然不可易也。故圣人法天贵真，不拘于俗。"（《庄子·渔父》）庄子以此来反对儒家所提倡的、刻意为之的仁义礼法，追求自然而然的求真状态。

李贽的"童心说"继承并发展了庄子对"真"的解释。"真"在《童心说》中，既指人自然而然的本性，"人而非真，全不复有初矣"；也指心口合一，即自我人格的真实显露，反对假人假言。二者的不同之处还在于："返其真"是庄子理论的归宿，而"绝假纯真"只是李贽思想的起点。李贽追求"绝假纯真"并不是为了返璞归真、天人合一，而是用以呼吁成为忠于自己感情表达的真人，批判理学对人的戕害。

他又从佛教禅宗处借鉴了"本心"这一重要概念。"本心"是禅宗《坛经》中反复运用的术语之一，它与"真心""本性"等含义相同。在禅宗的理论中，本心具有清净无染的特点。六祖惠能曾说："世人性净，犹如青天，惠如日，智如月，知惠常明。于外著境，妄念浮云盖覆，自性不能明。故遇善知识开真法，吹却迷妄，内外明彻，于自性中，万法皆见。"（《坛经》）李贽将"童心"界定为"最初一念之本心"，具有"绝假纯真"的特征，而外物的存在又会导致本心的失落，与《坛经》中对"心"的解释不谋而合。"夫学者既以多读书识义理障其童心矣"。不过，李贽在《童心说》中并未对"心"的概念展开具体的阐释，只是借用了禅宗的理论来阐释自己的"童心说"，作为理论基础，而不流于禅宗本身。

明人沈德符在《万历野获编》中曾指出，阳明心学在几经师承后，"最后李卓吾出，又独创特解，一扫而空之"。李贽的"童心说"是对儒道释三教的继承与超越，它摆脱了以往援道入儒、以儒道释这样一家为主体、两家相辅的三教合一形式，在三教的基础上，颇有创意地提出自己个性化的见解，再以"三教注我"的方式实现了对三教的超越。

十 追问

《红楼梦》的人生价值之问

　　人们常说《红楼梦》是中国古典小说的集大成者，但少有人注意到这部小说中的现代性意味（非就创作年代而言）。中国古典小说常常通过人物（或团体）之间的矛盾冲突来推动情节发展，从而呈现作者的善恶价值判断，并且往往以"大团圆"式的结局来迎合传统读者的审美趣味。而《红楼梦》则以宏大的生活图景作为小说的主要内容，作者对于小说中的人物没有鲜明的善恶评价，整个故事的走向是彻底的悲剧。现代性的特征就是反传统，《红楼梦》除了上述反传统的小说写法之外，还有一个现代性的思想特征，那就是对人的存在价值的追索。放眼世界文学史，从加缪的《局外人》到米兰·昆德拉的《生活在别处》，许多作品都关注到人们失去精神家园的状况。曹雪芹超越了自己生活的年代，以"反认他乡是故乡"概括了世人生命价值迷失的困境。

　　王国维先生曾高度评价《红楼梦》有别于古典传统的哲学意义："《红楼梦》，哲学的也，宇宙的也，文学的也。此《红楼梦》之所以大背于吾国人之精神，而其价值亦即存乎此。"（《〈红楼梦〉评论·第三章》）曹雪芹常借小说人物之口暗藏对生命意义的追问。第八十七回中，妙玉问宝玉从何处来，宝玉想到这话里或许有机锋，不知如何回答。惜春替他解围道："这什么难答的，你没的听见人家常说的'从来处来'么。"佛教中人常会说一些简单质朴、看似无意义的话语，意在直指内心，提醒人们不要忘记自己的"来处"。

曹雪芹在探索人生价值时，带着浓厚的佛家虚无主义和道家相对主义色彩，从故事中幻异人物的名字就可见一斑：茫茫大士和渺渺真人化成为癞头和尚和跛足道人携带石头去人间；警幻仙子在太虚幻境向宝玉暗示了一众女子的命运；空空道人又将石头游历人间的故事抄录下来，成为《石头记》……小说中又多以梦境（甄士隐的梦、贾宝玉的梦、王熙凤的梦）来预示人物与家族的命运，最后还将"梦"字纳入书名，来体现"假作真时真亦假，无为有处有还无"的人生况味。

《庄子·秋水》中有云："以道观之，物无贵贱；以物观之，自贵而相贱；以俗观之，贵贱不在己。"事物的贵贱总是相对的，而俗世中的人们没有认识到这一点，只是一味贪求物欲，从而引发了各种得失悲欢。《红楼梦》首回中的《好了歌》形象地展示了看破功名物欲、看淡人伦情感的价值观："世人都晓神仙好，惟有功名忘不了！古今将相在何方？荒冢一堆草没了。世人都晓神仙好，只有金银忘不了！终朝只恨聚无多，及到多时眼闭了。世人都晓神仙好，只有娇妻忘不了！君生日日说恩情，君死又随人去了。世人都晓神仙好，只有儿孙忘不了！痴心父母古来多，孝顺儿孙谁见了？"从歌词中看，世人觉得"好"的，无非都是痛苦的根源，不如将之弃绝忘怀，正如跛足道人所说："可知世上万般，好便是了，了便是好。"

第二十二回"听曲文宝玉悟禅机"也颇能体现这种在佛老的"空"和"无"中寻求解脱的意思。贾宝玉听到薛宝钗推荐的《点绛唇》套曲中有"赤条条来去无牵挂"一句，想到爱情里无法自证的苦闷，有动于中，"不禁大哭起来"，提笔立占一偈："你证我证，心证意证。是无有证，斯可云证。无可云证，是立足境。"次日林黛玉见了，在后面补了两句："无立足境，是方干净。""你证我证"原是为了获得情感的表露与认同，但这样也就落入了言筌，所以无法自证才是感情的本相。因此，把试图自证的想法彻底抛开，才能感到自在。而林黛玉补的两句将这种朴素的辩证法推向了极致——把寻求自在的心思抛开，才是真正的解脱。

寻求解脱有两种不同的境界。一种是贾母的丫头鸳鸯感到屈辱时所说的"剪了头发当姑子去"，佛门对她而言是逃避现实人生苦难的途径；还有一种是柳湘莲在尤三姐自刎后随跛足道人飘然而去，道门对他而言是情种深重、痴悔交缠的出路。后者正是"因空见色，由色生情，传情入色，自色悟空"的写照。为情所困，然后对人生有所了悟，曹雪芹本人也是如此。

佛老思想对作者的影响不可谓不深，但另一方面，这部作品同时也承载了作者的儒者情怀。取材于家族往事与自身经历的作品，自然要比一般的文学创作多一份深沉的慨叹。"满纸荒唐言，一把辛酸泪。都云作者痴，谁解其中味？"曹雪芹诉诸佛老的"虚""空"，恰是因为对人生苦难的充分觉知。民国时期有署名"侠人"的学者在《小说丛话》中写道："今读《红楼梦》十二曲中，凡写一人，必具一人之苦处。梦寐以为褒某人，贬某人，不知自著者大智大慧、大慈大悲之眼观之，直无一人而不可怜，无一事而不可叹，悲天悯人而已，何褒贬之有焉？"曹雪芹对人生苦难的领悟不仅因为他自身家族败落、生活潦倒，更源自于他对众生的普遍同情。儒家历来有"先天下之忧而忧，后天下之乐而乐"和"大庇天下寒士俱欢颜"的情怀，而曹雪芹对世人（尤其是女性）的同情更为深沉，他的这种同情是超越阶级乃至超越善恶的。比如《红楼梦》中的晴雯，她虽然是宝玉身边的丫头，但作者笔下的她容貌俏丽、伶牙俐齿、品性孤高，嬉笑怒骂之中显示出了光芒夺目的生命力；总管贾府事务的王熙凤心狠手辣、贪财弄权，在小说中是个遭人忌恨的人物，"金陵十二钗"的判词中写她"凡鸟偏从末世来，都知爱慕此生才"，这样一个聪明能干的女强人为求私欲做出了许多伤天害理的事情，最终落得"哭向金陵事更哀"的惨淡结局，何尝不是可悲可叹的呢？

作者将佛老对尘世的勘破和儒家对尘世的观照掺杂在一起，成就了中国古典文学史上独一无二的"宇宙境界"。这种境界超越了世俗价值，但这并不意味着否定一切价值。林黛玉的《葬花吟》中虽有"花落人亡两不知"的伤逝悲情，但也有"质本洁来还洁去，强于污淖陷渠沟"的狷介宣告。贾宝玉的《芙蓉女儿诔》中不仅通过盛赞晴雯的高洁来表达对美好人性的讴歌，也以"箝诐奴之口，讨岂从宽；剖悍妇之心，忿犹未释"控诉了对作恶者的愤懑。

至此我们大概能更好地理解曹雪芹对人生价值的思索。他在书中呈现出的苍凉追问不是戏谑式的虚无，而是对生命的悲悯。现代主义的荒诞取消价值，古典主义的庄严确认价值——从这个层面上讲，《红楼梦》仍旧在古典文学的语境中，从中国传统文化的高度审视儒道释三教对于中国人的意义。

苦难本身没有意义，对苦难的体认才具有意义。无论是曹雪芹还是他笔下的贾宝玉，都没能在家族的崩坏过程中力挽狂澜，然而寻找精神家园的旅程也正由此开始。

白茫茫大地真干净

　　《红楼梦》选段是中学语文课本的常客，从教材中所选章节的变化似乎能看出教育界乃至文学批评界对《红楼梦》主题理解的变化：从早年的《葫芦僧判断葫芦案》到后来的《林黛玉进贾府》《宝玉挨打》，再到近年的《香菱学诗》，我们看到了这部作品"批判封建官场黑暗，叙说宝黛爱情悲剧，刻画一系列女性形象"等不同的侧面。可见，《红楼梦》中不仅有对个人命运的沉思，更有对当时中国社会的观察与记录。鲁迅先生曾说："经学家看见《易》，道学家看见淫，才子看见缠绵，革命家看见排满，流言家看见宫闱秘事。"（《〈绛洞花主〉小引》）《红楼梦》就像是一个万花筒，在不同的视角下能展现出不同的面貌。

　　书中除了直接表现官场的种种阴暗面之外，还以整个贾府的盛衰过程来隐喻当时中国社会的命运。熟悉《红楼梦》的读者都知道大观园中的诸姐妹象征着中国传统文化中的不同思想流派：儒家的薛宝钗、道家的林黛玉、法家的探春、佛家的惜春……这些人都没能改变贾府没落的命运。而实际上，书中为儒、道、释等各家都安排了"高配版"及"低配版"人物形象，从而全面展现作者对传统文化出路的思考。

薛宝钗知书达理，常劝宝玉留心仕途经济，是王夫人心目中儿媳妇的最佳人选。宝钗常服的一味药叫"冷香丸"，这药名颇有象征意味——宝钗大方得体、做事周全、人见人爱，"香"则香矣，但为人却也有"冷"的一面。第三十二回中，金钏因挨了王夫人责打而跳井寻了短见，这令一贯"慈眉善目"的王夫人承受了很大的心理压力。宝钗前去安慰，说金钏可能是失足落井，即使是投水，"也不过是个糊涂人，也不为可惜"。宝钗将金钏之死的责任归诸偶然性和金钏本人，从而极大地减轻了王夫人的负罪感。"人情练达"消解了对生命的垂怜，这正是只讲人伦而忽视人性的儒家低级形态。薛宝钗苦心孤诣，但无法获得贾宝玉真正的爱情，《终身误》曲中"纵然是齐眉举案，到底意难平"暗示着薛宝钗嫁给贾宝玉之后婚姻生活并不幸福。

另一位在贾府受到众人好评的女性角色平儿则是儒家理想人格的代表。她的名字"平"本身就蕴含着"中庸之道"的意思。作为王熙凤的心腹，平儿恪尽职守，又暗中做了许多善事来弥补凤姐泼辣狠毒的作风。忠于本分又同情弱者，口碑极佳又不令凤姐过度戒备，平儿在人情事理当中找到了很好的平衡。她的秘诀是舍弃小我私欲，最终在家族动荡中保全了自己，但终究无补于贾府的衰败。

迎春和黛玉分别代表着道家的两种不同境界。迎春只对《太上感应篇》感兴趣，行事追求超然事外，性格上显得有点懦弱。迎春的丫头司棋被赶出大观园时，迎春无意施以援手，只是说道："我知道你干了什么大不是？我还十分说情留下，岂不连我也完了。……依我说，将来终有一散，不如你各人去罢。"迎春只求独善其身，面对主仆之情也抱守"无为"的态度；而黛玉则活出了道家自然天真的境界，正如黛玉自己所说的——"我为的是我的心"。她作诗推崇"意趣真"，诗中多有"孤标傲世偕谁隐，一样花开为底迟"（黛玉《问菊》）的孤高自守，也有"菱荇鹅儿水，桑榆燕子梁"（黛玉代作《杏帘在望》）的纯朴宁静。她醉心于自然，独自垂泪葬花；她不关心功名利禄，"从不拿此话劝宝玉"。

真正关心家族兴衰的是代表法家的探春，她是一个不让须眉的改革者："我但凡是个男人，可以出得去，我必早走了，立一番事业，那时自有我一番道理！"王熙凤生病期间，探春暂管家政，她施展了自己的管理才能，也借此机会"兴利除宿弊"，减省了一些重复的支出，还推行大观园内林圃专管制，用经济效益来调动婆子们的工作积极性。

探春身上其实有着深刻的儒家烙印。她亲生母亲的哥哥赵国基死了，赵姨娘让暂管家务的探春多给亲舅舅发一些赏银，探春立即责问："谁是我舅舅？我舅舅年下才升了九省检点，那里又跑出来个舅舅？"这里的舅舅指的是探春父亲贾政的正妻王夫人的哥哥王子腾。庶出的探春刚好有一个爱搬弄是非的亲生母亲，她必须时时强调自己三小姐的身份，才能在等级森严的贾家获得自己的尊严。

探春兼具儒家的家族人伦观念和法家的进取心、全局眼光，可以说是中国传统文化中"入世"维度的理想人格，但她并没能挽回贾府的颓势。在第七十四回"抄检大观园"中，探春含泪说出颇有预言意味的慷慨之辞："可知这样大族人家，若从外头杀来，一时是杀不死的，这是古人曾说的'百足之虫，死而不僵'，必须先从家里自杀自灭起来，才能一败涂地！"

如果毁灭是一种必然，那么佛门可能是最终的归宿。惜春"独坐青灯古佛旁"的选择与宝玉最后出家的结局依然是两种不同的境界。惜春未经历人生的起伏，也没有深入参与到家族事务中，只是凭自身慧根领悟了《金刚经》中"一切有为法，如梦幻泡影，如露亦如电"的深意；而宝玉本是来自于大荒山无稽崖青埂峰下的一块顽石，他踏入人间之后堪称情种，以深邃的热情眷恋着红尘，于是他对个人与家族的命运也看得尤其透彻，这就好像佛陀在看尽凡尘俗世的生老病死之后，才有了觉悟的前提。

太虚幻境的一首曲子暗示了贾家的结局："好一似食尽鸟投林，落了片白茫茫大地真干净！"无论是积极有为的儒家、法家，还是超脱俗世的道家、佛家，都未能拯救家族于水火。书中的智通寺有一副门联"身后有余忘缩手，眼前无路想回头"，再联想到《聪明累》中"机关算尽太聪明，反算了卿卿性命"等语，人们很容易把贾家人财两散的结局看作是对贪婪钻营的警戒，但这种理解未免把《红楼梦》的立意矮化到了《官场现形记》这类谴责小说的层面。

在曹雪芹看来，悲剧的深层根源并非人性之恶，而是命运的无常。鲁迅先生在《中国小说史略》中说："宝玉在繁华丰厚中，且亦屡与'无常'觌面……悲凉之雾，遍被华林，然呼吸而领会之者，独宝玉而已。"所以宝玉投入佛门只是走投无路、万念俱灰的一种表达方式罢了，佛门本身并非现实问题的解药，也非万全的立身之处，从馒头庵的静虚与凤姐合谋敛财害命之类的事情可以看出，小说里的佛门与龌龊的俗世其实并无二致。

因为看得透彻，所以贾宝玉从来不是一个行动者和改革者；而书中的种种隐喻，也体现了作者曹雪芹对于当时中国社会的观察，以及对传统文化之出路的思考。在曹雪芹看来，以儒道释为代表的中国传统价值观与社会理想都不足以指出一条明路。有人说，《红楼梦》前八十回存世已经足够，因为无论是作者还是读者都无法承受故事走向彻底的悲剧。

梁漱溟的文化哲学思想与乡村建设理论

"这个世界会好吗?"数日后即将步入耳顺之年的梁济向二十五岁的儿子提出了这个问题。当时在北京大学讲印度哲学的梁漱溟回答说:"我相信世界是一天一天往好里去的。"三天后,梁济留下一篇《敬告世人书》,自沉北平净业湖(积水潭)。当时是 1918 年。梁漱溟在若干年后忆起父子间的这番对话,仍不无感慨:"父子最末一次说话,还说的是社会问题。自从先父见背之日起,因他给我的印象太深,事实上不容许我放松社会问题,非替社会问题拼命到底不可。"(《我生有涯愿无尽》)九十岁时,梁漱溟接受了美国学者艾恺的专访,专访最终以口述史的形式呈现,出版时的标题是《这个世界会好吗?》。

梁济在绝笔中指出了当时中国社会的两大问题:在政治制度上,不实行共和爱民之政;在社会风尚上,"专尚诡谋,不由正义"之乱象比比皆是。对此,梁漱溟认为症结在于文化。他将文化定义为"一个民族生活的种种方面"(《东西文化及其哲学》),包括精神生活、社会生活和物质生活三个方面。在他看来,"中国问题之爆发,非内部的,与其谓之为政治

儒道释会通的人

问题，毋宁谓之为文化问题"（《民众教育何以能救中国》）。他以晚清洋务运动为例，在《唯识述义·〈东西文化及其哲学〉导言》中指出："中国在甲午前侧重'制造'的改革之所以不成功，就是因为主事者'没有见到文化的问题，仅只看见外面的结果'。"由此，他尝试从文化层面寻求中国问题的解决之道，并最终从儒佛二教中找到了答案。

梁漱溟在《这个世界会好吗？》中曾说："我的思想的根本就是儒家跟佛家。"他是现代"新儒家"的早期代表人物，被他的传记作者艾恺称为"最后一个儒家"。但他自认在思想上更倾向佛教，并从佛学中获益良多。梁漱溟二十岁时就对佛教流露出极其浓厚的兴趣，曾杜门研佛三年，还养成了常年茹素的习惯。至迟在出版《东西文化及其哲学》（1921年）前后，他完成了由佛入儒的转变。儒佛二教也在他的文化哲学思想和政治哲学思想中留下了深刻的烙印。

梁漱溟基于幼年所接受的西式教育以及成年后出入儒佛的经历，提出了"文化三路向说"的文化哲学思想。三种路向依次为奋斗的态度、调和的态度和取消的态度，它们分别演化出了西洋文化、中国文化和印度文化；三种文化又分别对应文化中的物质生活（人对物）、社会生活（人对人）和精神生活（人对自身生命）三大人生问题。在此基础上，梁漱溟又提出了"世界文化三期重现说"，认为人类文化会次第经历西洋文化、中国文化的复兴以及印度文化的复兴，在某一个文化路向中走到尽头时，就会自然转入下一个。

梁漱溟眼中的第二路向和第三路向带有鲜明的儒家和佛教色彩，他分别选择中国的儒家和印度的佛教作为两种路向的哲学思想代表。他强调了《周易》和孔子"调和"（或说"中庸""相对""平衡""双"）的特征。在梁漱溟看来，"调和"是《周易》公认的特征。同时，他指出孔子哲学中的"仁"其实就是"中"（或说"平衡""归寂"）。二者都体现出第二路向所有的调和的态度是一致的。他说印度人（尤其是原来的佛教人）"要求生活，而不要看见老病死……他从极强的要求碰到这极硬的钉子上，撞到一堵石墙上，就一下翻转过来走入不要生活的一途，以自己取消问题为问题之解决"(《东西文化及其哲学》)。这恰恰体现出第三路向中取消的态度，因为这一路向本就悖离生活的本性。

梁漱溟的政治哲学思想是以"文化三路向说"和"世界文化三期重现说"为基础的。在他看来，由于中国过早地走上了第二路向，欠缺科学和民主，所以当务之急是重走一趟第一路向。简单来说，就是先要实现全盘西化，同时要排斥过于消极的印度文化，"丝毫不能容留"，然后要"批评的把中国原来态度重新拿出来"(《东西文化及其哲学》)。他在《东西文化及其哲学》一书中频繁使用"复兴"一词，希望中国能仿效西方的文艺复兴，在"往回看"的过程中革弊鼎新，全面学习但又不完全照搬西方，避免"蹈袭西方的浅薄，或乱七八糟"，而使"其人生的无着落"(《东西文化及其哲学》)。

梁漱溟对此保持乐观的态度，因为他认为中国文化调和的优势将在此尽现，它不仅能妥善调和人与人、人与自然的关系，还特别适合工业发达的社会。此外，梁漱溟认为文艺复兴的真正意义在于人的复兴，而儒家恰能起到这样的作用。他主张"以孔、颜的人生为现在的青年解决他烦闷的人生问题"(《东西文化及其哲学》)，为他们指出前行的明路，使他们获得前行的动力。当国人的人生态度得以昭苏，方可唤醒死气沉沉的国人，进而复活整个中国。

儒佛二教对梁漱溟的影响不局限在文化、哲学领域，同时还为他的乡村建设实践提供了理论依据与行动指导。

"九一八"事变后，梁漱溟切实地认识到中国不可能采用近代西方的政治制度，这等于推翻了他先前"全盘西化"的论断。但梁漱溟并未气馁，因为他"相信了我们自有立国之道，更不虚怯！"(《主编本刊(〈村治〉)之自白》)他所坚信的"立国之道"就是乡村建设。

中国是个集家而成乡、集乡而成国的社会。若要改变中国社会，势必要从乡村着手。从 1922 年起，梁漱溟逐步走进乡村。1931 年至 1937 年期间，他先后在邹平、菏泽、定县等地进行乡村建设实践。由于近代以来的天灾人祸和文化冲击，致使中国"伦理本位、职业分离"的社会结构逐步瓦解，西方式的社会结构迟迟未能建立，因而引发了一系列社会问题。梁漱溟所面对的正是像这样"旧辙已破，新轨未立"的乡村。他主张"从乡村起培养新政治习惯，培养中国式的新政治习惯"。这里所谓的"中国式"其实就是以儒家伦理为本位的礼俗秩序和社会结构。这一主张颇有梁漱溟先前提出的"复兴"的意味，用他自己的话来说，就是"要从老根上发新芽"（《精神陶炼要旨》）。

在社会组织重构中，梁漱溟提出了必须坚持的两个原则。一为"从理性求组织"，既要"以伦理情谊为本原，以人心向上为目的"，也要充分吸收"西洋人的长处"；二为"从乡村入手"，要继续发挥中国乡村固有的"伦理的社会，情理的社会"的风气。两条原则都提到了儒家所关涉的伦理问题。

在他看来，伦理问题在中国"比什么都迫切"。所谓的太平盛世，除了社会各项事业的发达外，还得拥有各方良好的伦理关系。为此，他的乡村建设方案中尝试建立以伦理为本位的合作组织：通过伦理关系来体现人与人相互之间的义务关系。儒家在经济方面实行家族内部共财，"兄弟乃至宗族间有分财之义，亲戚、朋友间有通财之义"，同时在经济上彼此照顾、相互负责，带有家庭经济共产意味。最后在政治方面，不认可国家团体关系，转成君臣间、官民间的伦理义务。

由此观之，梁漱溟的乡村建设理论与实践都是基于儒家传统而为之的。

梁漱溟曾说："我自十四岁进入中学之后，便有一股向上之心，驱使我在两个问题上追求不已：一是人生问题，即人活着为了什么；二是社会问题亦即中国问题，中国向何处去……总论我一生八十余年（指十四岁以后）的主要精力心机，无非都用在这两个问题上。"（《梁漱溟问答录》）他的文化哲学思想和乡村建设实践其实各回答了一个问题。

他对社会的关注不仅来源于家庭的熏陶，还与他儒佛兼通的学问背景有着密切的关联。

儒家的入世特征自不待言。佛教虽治出世，但梁漱溟所行的是出世而救世的大乘菩萨道，晚年时他曾说："大乘佛法正是建立在原始佛法之上的，既不是离开这一基础，却又反过来指点说：不生不灭，不垢不净，不增不减；在实践上菩萨不住涅槃，不舍众生，原本是出世间法，却又出而不出，不出而又出。"（《这个世界会好吗？》）若纵观梁漱溟的一生，很容易发现他的这种入世情怀。他不仅贡献出了一整套乡村建设理论，而且身体力行地投身于乡村建设运动。在政治活动中也能看到他的身影，如抗战时期奔走于国民党和共产党之间，参与创办了中国民主同盟会的前身"中国民主政团同盟"等。

梁漱溟认识到了儒佛的共性在于对"人"的关注。他曾说，儒家孔子所说的一切最终都"归结到人的身上"，而佛教中的大乘佛教主张"不舍众生，不住涅槃"，行菩萨道，只为普度众生，同样也是为人。二者的差异仅在于儒家总是站在人的立场上说话，而佛教的落脚点在超越人的地方。他将中国文化的要义归纳为探寻"人之所以为人"，并将其视作中国文化有别于异文化的特征之一。这些思想观点都是儒佛二教带给他的。

现代文学视域下的三教

20 世纪初，中国文学开启了现代之旅。1917 年，胡适在《新青年》上发表的《文学改良刍议》首举义旗，正式揭开中国现代文学革命之帷幕。文学革命除了从内容和形式两方面对旧文学进行改造外，也将矛头指向了中国传统文化。在历史学家陈寅恪看来，中国的传统文化"可以儒释道三教代表之"。当三教在时代洪流中与文学革命终相遇合，当传统无可避免地和现代交汇，迎接它们的既有审视与批判，又有继承与超越。

儒家学说在旧时代与官方意识形态有着千丝万缕的关联，而由儒家思想派生出来的宗法礼教逐渐成了一种扼杀人性的存在，因此儒家文化在新文化运动中首当其冲。在"打倒孔家店"的层层声浪中，鲁迅先生对礼教的批判显得极为独特、深刻，因为他对中国历史传统的认识尤其透彻，对现实问题的思考尤其深远。

《狂人日记》是鲁迅"听将领"而作的第一篇小说。叙事者借"狂人"之口，揭露了隐藏在"仁义道德"面具之下的礼教"吃人"本质，以及国人不自觉地陷入"吃"与"被吃"的悖论之中，无从脱身。小说

十

追问

中的"狂人"在为逃脱"被吃"的命运而殚精竭虑之时，突然意识到自己也"吃"过人。小说表现出强烈的反抗精神，"吃人"这一带有鲜明象征意味的行为，形象地展现出礼教扼杀性灵、禁锢思想的现实。《故乡》一文中，闰土对"我"的称呼从"迅哥儿"转变为"老爷"，可见礼教将一个活生生的少年转变成一个唯唯诺诺的庄稼汉。《祝福》塑造出了鲁四老爷这样一个典型的传统乡绅形象。乡绅是中国传统社会中的特有阶层，他们参加过科举，家境也普遍殷实，在乡村社会中具有较大影响力，往往担当着官与民之间的沟通者的角色。小说中的鲁四老爷俨然是封建礼教的代言人：他默许祥林嫂的婆婆强抢祥林嫂去改嫁，他厌弃祥林嫂的寡妇身份并告诫四婶不许祥林嫂参与祭祀。在这样的生存状态下，祥林嫂一步步走向命运的深渊，最终"被吃"，怀着绝望离开人世。而其他的鲁镇民众，又何尝不是这场"吃人"行动的参与者？"覆巢之下，安有完卵。"从某种程度上说，他们和鲁四老爷又何尝不是礼教的受害者？

鲁迅还以杂文为匕首和投枪，批判儒家"一味提倡虚伪道德，蔑视了真的人情"（《我们现在怎样做父亲》）。他对"父为子纲"的家族伦理不以为然，认为"本位应在幼者，却反在长者；置重应在将来，却反在过去"（同前）。他同情身处礼教之中的妇女，抨击"节烈"主张，并发出"不节烈的女子如何害了国家？"以及"何以救世的责任，全在女子？"的质问（《我之节烈观》）。

鲁迅对道家也有不少非议。小说《出关》以漫画式的笔触写孔老相争，孔胜老败，最终老子西出函谷关的故事。其后他又在《〈出关〉的"关"》中澄清了自己的立场，说老子是"'无为而无不为'的一事不做，徒作大言的空谈家"。在1936年2月致徐懋庸的信件中，鲁迅重申《出关》是自己对老子的批判，并用"大而无当""不中用"评价老子。鲁迅还指出庄子思想对于国民性的消极作用，他说"我们虽挂孔子的门徒招牌，却是庄生的私淑弟子"，他批评庄子"是与非不想辨""梦与觉也分不清"(《"论语一年"》)。

鲁迅对佛教和道教的批评主要集中在和尚道士的品性方面。《吃教》一文中说南北朝以来的道士和尚，"大抵以'无特操'为特色的"。他对道士的反感尤甚，《关于〈小说世界〉》一文中说道士不但剽窃佛经，还用了下流不堪的方法迫害和尚。

须注意的是，鲁迅并没有全盘否定儒道释三教在传统文化中的地位，只是对三教戕害人性、惑乱头脑的情况加以批评。他说："道士所讲的'阴阳五行'，仙人的'静坐炼丹'，与儒生所讲的'道学'，戏子的'打脸打把子'，都是一种'昏乱病'，应当'从现代起，立意改变'，予以'扫除'。"(《热风》)而对于三教能推动社会进步、启迪人们思考的部分，鲁迅是大加赞赏的。在《〈出关〉的"关"》中，他就褒赞孔子是实干家。另据许寿裳回忆，鲁迅曾购买大量佛经研读，并说："释迦牟尼真是大哲。我平常对人生有许多难以解决的问题，而他居然大部分早已明白启示了。"(许寿裳《亡友鲁迅印象记》)

儒道释三教在文学革命中遭受批判的同时，也被另一群文学家所继承、延续。汪曾祺恐怕是少数能真正将三教融会贯通的作家，这种圆融得益于他对中国传统文化的丰润浸淫和对儒道释共同社会理想的高妙体认。

汪曾祺在《我是一个中国人》中称自己受儒家影响最深："我是一个中国人。中国人必然会接受中国传统思想和文化的影响。我接了什么影响？道家？中国化了的佛家——禅宗？都很少。比较起来，我还是接受儒家的思想多一些。"儒家思想本来就成分复杂，学术流派又多，而汪曾祺所传承的儒家思想则回归了孔子学说的人伦根基，他说："我不是从道理上，而是从感情上接受儒家思想的。我认为儒家是讲人情的，是一种富于人情味的思想。"(《我是一个中国人》)汪曾祺很喜欢写那些人情隽永、古风犹存的小地方，比如《大淖记事》里写的是城区与乡下的交界处，人们做事勤快，关系融洽。"这里的颜色、声音、气味和街里不一样。这里的人也不一样。他们的生活，他们的风俗，他们的是非标准、伦理道德观念和街里的穿长衣念过'子曰'的人完不同。"作者特地表明这种地义民风跟标签化、学理化的孔孟思想不是一回事，大淖的人情味并非道德训诫的结果，而是自然教化的产物。

汪曾祺自称很欣赏《论语》中"莫春者，春服既成，冠者五六人，童子六七人，浴乎沂，风乎舞雩，咏而归"的境界。"侍坐章"所包含的思想历来众说纷纭，有人说孔子"吾与点也"的原因是曾点的这段话描绘了纯朴和谐、生机勃勃的生活图景，是孔子心目中的理想社会；也有人说这分明是道家倡导的人与自然相融、闲适散淡的人生样态。我们不妨大胆地说，纯朴天然、和乐不争的理想社会是儒家与道家共同的追求，其具体表现形式就是普通民众能在这样的社会中实现个体的幸福。《大淖记事》里所展现的民风与《边城》有相似之处，但汪曾祺与其师沈从文在人生观的基调上是不同的。"十一子的伤会好么？会。当然会！"《大淖记事》的这一结局干脆利落地表达出幸福可期的意味，是苦痛过后的欢欣，是有回报的坚守；而《边城》"这个人也许永远不回来了，也许'明天'回来！"却用模糊的可能性来强化"等待"中所包蕴的感伤的美学特质。

汪曾祺说自己有一阵子很迷庄子。庄子哲学是古代士大夫在面对社会动荡、人生无常时寻求超脱的妙方，但有时不免让人走向消极恬退。进一步来讲，儒家和道家的根本分歧就在于前者通过建构价值激发进取精神，后者通过消解价值来获得超然旷达的心境，但汪曾祺却能在儒道之间找到绝妙的平衡，在文章里彰显人生的大趣味。《跑警报》一文写的是西南联大师生在面对空袭警报时的众生相。他写道："'躲'，太消极；'逃'，又太狼狈。唯有这个'跑'字于紧张中透出从容，最有风度，也最能表达丰富生动的内容。"文中处处流露出随遇而安、苦中作乐的心态，汪曾祺以这种举重若轻的方式来写战争主题，反而愈加显示出他对生命价值的观照。

汪曾祺与佛教的渊源也很深。他的祖父祖母和继母都是虔诚的佛教徒。1937 年侵华日军占领江南，他随家人到庵赵庄上的菩提庵住了半年，小说《受戒》中的荸荠庵即以此为原型。故事里的和尚以做法事为业，日常生活中并不持戒，不仅可以买田娶妻，也可以杀猪吃肉，"这个庵里无所谓清规，连这两个字也没人提起"。小说的主线是小和尚明海和农家女小英子从两小无猜到产生爱情的过程。汪曾祺笔下的佛教，既不讲究禁欲修行，也不强调众生皆苦。他说："我写《受戒》，主要想说明人是不能受压抑的，反而应当发掘人身上美的、诗意的东西，肯定人的价值，我写了人性的解放。很多人说我是冲破宗教的。我没这意思。和尚本来就不存在什么戒律，本来就很解放。"（《作为抒情诗的散文化小说——与大陆作家对谈之四》）他把佛教真正拉回到了人间，消弭了僧俗之间的壁垒。汪曾祺在写佛教故事的时候，仍旧把世俗的幸福放在首位，甚至把佛性和人性看作是本质相通的。

可见，汪曾祺追求儒家富有人情味的社会理想，但他认为这并不是依靠道德训诫和宗教戒律来实现的，而是需要让佛性回归人性，让人性回归天然，才能实现生命的滋润与人生的幸福。换而言之，汪曾祺在作品中用率真的人生趣味与和美的生活样态来取消儒道释三教的差异，而三教共同的终极理想恰恰就是中国古典人文传统的根本属性。

汪曾祺有一篇带有寓言色彩的小说《复仇》，说的是一名复仇者与自己的仇人共同开凿山路的故事。他称自己是"不很自觉地受了佛教的'冤亲平等'思想的影响的"，"但是，最后两个仇人共同开凿山路，则是我对中国乃至人类所寄予的希望。"（《捡石子儿》）汪曾祺也曾说过，写作要有益于世道人心。可见，他并不满足于仅用文字去表现那些人性纯朴、岁月静好的所在，而是希望世人都能建立起这种抛开分歧、"美美与共"

十 追问

的价值观。这可以看作是一种具有现代眼光的古典理想，文化上的继往开来在汪曾祺这里产生了具体的可能性。这样看来，他被称为"中国最后一个士大夫"也就不足为奇了。

汪曾祺构设着三教共同向往的美好世界。其根本的宗旨是扬善去恶，并期望以三教共通的人文精神来推动人性的升华乃至社会的进步。